Pilates

Vive la diferencia

JENNIFER DUFTON

Pilates

Vive la diferencia

EDAF
«PLUS VITAE»
MADRID - MÉXICO - BUENOS AIRES - SAN JUAN - SANTIAGO
2005

Título del original: THE PILATES DIFFERENCE

Editorial Edaf, S. A.
Jorge Juan, 30. 28001 Madrid
http://www.edaf.net
edaf@edaf.net

Edaf y Morales, S. A.
Oriente, 180, n.° 279. Colonia Moctezuma, 2da. Sec.
C.P. 15530. México D.F.
http://www.edaf-y-morales.com.mx
edafmorales@edaf.net

Edaf del Plata, S. A.
Chile, 2222
1227 Buenos Aires, Argentina
edafdelplata@edaf.net

Edaf Antillas, Inc.
Av. J. T. Piñero, 1594
Caparra Terrace
San Juan, Puerto Rico (00921-1413)
edafantillas@edaf.net

Edaf Chile, S. A.
Huérfanos, 1178 - Of. 506
Santiago, Chile
edafchile@edaf.net

Julio 2005

Depósito legal: M.29.552-2005
ISBN: 84-414-1651-6

PRINTED IN SPAIN IMPRESO EN ESPAÑA
COFÁS, S.A. - Móstoles

Jennifer Dufton es una monitora Pilates muy cualificada que tiene su estudio Pilates en North Norfolk. Antes de instalarse en Norfolk enseñó Pilates en algunos de los centros más prestigiosos de Londres, entre los que se encuentran el Chelsea Harbour Club, el Triyoga de Primrose Hill, el Pilates Studio de Great Portland Street y el Westminster Physiotherapy Centre. Ha trabajado con una amplia gama de clientes: actores, modelos, músicos y miembros del Royal Ballet. Es miembro de la PILATESfoundation® UK, en la que se preparó con una de las cofundadoras, Anne-Marie Zulkahari. También se tituló en la Alan Herdman Studios y en la International Body Arts y Science Teacher Training Programme, bajo la dirección de Rael Isacowitz.

Advertencia

Antes de realizar cualquier ejercicio de este programa es aconsejable que consulte con un médico. No debe considerarse a Pilates como un sustituto de tratamiento profesional médico; deberá consultarse a un médico en todos los temas concernientes a la salud y, particularmente, en estados de embarazo y en todos aquellos síntomas que puedan requerir un diagnóstico o atención médica. Aunque las advertencias que se incluyen en este libro son precisas, y las instrucciones que se dan han sido concebidas para evitar todo tipo de lesiones y molestias, ni la autora ni los editores se hacen responsables legales por cualquier lesión que pueda producirse en el transcurso de los ejercicios.

Se advierte a toda persona que esté embarazada o susceptible de estarlo que no realice los ejercicios que se incluyen en este libro. Aunque se puede practicar Pilates de forma segura durante el embarazo y también en el posparto, solamente deberán hacerse los ejercicios bajo supervisión médica y la de un profesor Pilates cualificado.

Índice

El método Pilates

Imagínese que pudiera conseguir un mejor cuerpo, ser más alto, aumentar su fuerza y flexibilidad, mejorar su postura, liberarse de enfermedades y dolores, enriquecer su vida sexual, reducir el estrés, estimular la energía y confianza en sí mismo, y todo ello gracias a un tipo de ejercicios. Y lo que todavía es más: imagínese que disfruta realmente haciéndolos.

Si su modo de entender un buen estado físico comienza por verse a disgusto y ponerse a hacer inmediatamente una serie de ejercicios cardiovasculares para perder peso, o pasarse horas en el gimnasio para tonificar aquellas partes de su cuerpo que están más débiles, entonces tiene la solución en su mano. Incluso si el método de ejercicios que ha escogido tiene la capacidad de mejorar su físico a largo plazo, usted nunca lo logrará porque no será capaz de hacerlo durante mucho tiempo. Le resultará demasiado agotador y aburrido. Ese tipo de prácticas se convertirá en una de las desagradables tareas que terminará borrando de la lista. Y como no habrá disfrutado con el método escogido, lo abandonará y volverá a sus viejos hábitos de abandono.

La Diferencia Pilates es exactamente lo que quiere decir, es *diferente*. En lugar de consistir en una serie de ejercicios mecánicos, Pilates es un método en el que usted habrá de prestar atención a lo que hace, lo que significa que no se va a aburrir haciéndolos. Cada vez que tenga una sesión de Pilates, se sentirá fresco y renovado. Y todavía más: el método le resultará profundamente relajante, por lo que finalizará la sesión sintiéndose muy bien. ¿Cuántas veces ha salido del gimnasio sintiéndose agotado, o ha terminado de correr y llegado a casa a punto de desmayarse al tumbarse sobre el sofá? Tras una sesión de Pilates, usted no se sentirá agotado, sino todo lo contrario: se encontará descansado, revitalizado y unos años más joven.

Empezar Pilates

Este libro incluye un programa de ejercicios Pilates sobre colchoneta que podrá seguir durante sus primeras treinta lecciones Pilates. Está pensado para adultos de todas las edades, hombres y mujeres, y está adecuado para todos los tipos. Usted practicará a su propio ritmo, y acomodará los ejercicios a sus necesidades personales.

Lo que Pilates puede hacer por usted

- **Le proporcionará la flexibilidad que se consigue con el yoga.**
- **Le dará una la fuerza muscular que se obtiene con ejercicios de pesas, sin deformar su cuerpo.**
- **Le proporcionará un cuerpo fuerte y tonificado, con un estómago liso, unos músculos más grandes y flexibles y una figura más estilizada.**
- **Mejorará su postura.**
- **Le librará de muchas enfermedades y dolores.**
- **Le proporcionará una extraordinaria sensación de bienestar.**
- **Descomprensionará su columna de modo que incluso ganará estatura.**

Advertencia

Puesto que va a hacer los ejercicios en casa y a solas, necesitará disfrutar de buena salud, sin lesiones ni molestias físicas que le impidan realizar el programa de ejercicios.
Si tiene alguna duda, hable primero con su médico y consulte también con un profesor Pilates en el caso de que cualquier ejercicio le resulte incómodo para su estado.

Joseph Pilates

Joseph Pilates es el hombre que respalda el método Pilates, del que dijo lo siguiente:

«En 10 sesiones usted sentirá la diferencia; en 20 verá esa diferencia, y en 30 disfrutará de un cuerpo enteramente nuevo».

Nacido cerca de Düsseldorf, Alemania, en 1880, Joseph Pilates fue un niño enfermizo que padecía de asma, raquitismo y fiebre reumática. Sin embargo, se rebeló a verse limitado por sus enfermedades, y siendo todavía un muchacho se decidió a mejorar su condición física. Por su propia cuenta diseñó un programa de desarrollo físico con el que consiguió tales resultados que a la edad de 14 años posaba como modelo para dibujos anatómicos.

Se convirtió en gimnasta, boxeador e incluso artista circense. Se hizo también aficionado al yoga y a las artes marciales. Su persistente determinación a curar su propio cuerpo y a mejorar la salud de los que tenía a su alrededor lo llevó a investigar y a desarrollar un novedoso sistema de ejercicios en los primeros años de 1900 al que denominó «Contrología». La contrología combinaba métodos orientales y occidentales, constituyendo un programa especialmente pensado para controlar los músculos y la utilización de la mente.
En 1912 Josep Pilates se trasladó a Inglaterra en donde enseñó autodefensa a los policías de Scotland Yard; pero cuando estalló la Primera Guerra Mundial fue internado en un campo de concentración por ser alemán. Empleó su obligado enclaustramiento para perfeccionar su método, empezando a enseñar su programa de ejercicios sobre colchoneta a sus compañeros de internamiento.

Durante la última parte de la guerra, Joseph Pilates trabajó en la Isla de Man como conserje de un hospital, en el que empezó a trabajar con pacientes que estaban impedidos para andar. Desarrolló un equipo médico para esos pacientes mediante unas correas que se ataban a las camas creando una serie de resistencias; y comprobó que los pacientes que seguían este sistema se recuperaban antes que aquellos que no lo practicaban. Estos mecanismos de correas constituyeron los prototipos de las máquinas que desarrolló posteriormente en su estudio de Nueva York.

Finalizada la guerra, Joseph Pilates regresó brevemente a Alemania en donde trabajó como preparador de la policía de Hamburgo. En 1926 emigró a Estados Unidos. Durante el viaje conoció a la que sería su futura esposa, una enfermera de nombre Clara, y al final de la travesía ambos ya habían tomado la decisión de abrir el primer Pilates Studio en la ciudad de Nueva York. El Pilates Studio constituyó todo un éxito, convirtiéndose en la fórmula secreta de los mejores atletas y bailarines de *ballet* de Nueva York.

La práctica de Pilates hoy día

Desde la década de 1920 la popularidad del Pilates ha venido creciento firmemente, constituyendo hoy día todo un fenómeno a escala mundial. Muy popular entre todos aquellos que desean tener un cuerpo más fuerte y flexible, es también un método muy recomendado por osteópatas, quiroprácticos y cirujanos por ser un método muy seguro y eficaz. Las clases de Pilates pueden recibirse en todo el mundo, y el equipamiento que poseen los centros Pilates está especialmente diseñado para sesiones de rehabilitación, y para todos aquellos que quieren beneficiarse más aún de las ventajas que representa este notable método.

A lo largo de los años se ha ido desarrollando la técnica de los ejercicios, y muchos instructores han ido adaptando algunos de los ejercicios originales de Joseph Pilates para adecuarlos a las nuevas necesidades y creencias sobre el desarrollo físico, modificando aquellos primeros ejercicios para lograr la debida adecuación a todos los niveles de aptitud.

Beneficios corporales y mentales

Pilates es un método diferente. Por tanto, abandone todos sus prejuicios sobre otros métodos de desarrollo físico y ábrase a toda una nueva forma de moverse.

Conexión mente-cuerpo

El Pilates es un método holístico que se ha conseguido mediante una fusión de las filosofías orientales y occidentales. Este método requiere que usted se concentre en determinados músculos de su cuerpo para poder fortalecerlos y alargarlos. A medida que usted va practicando, esta concentración y precisión crean una conexión mente-cuerpo. Esta concentración mental origina un máximo rendimiento muscular, de forma que se obtienen unos resultados mejores y más rápidos. La formación de esta conexión mente-cuerpo es de gran importancia en los deportes de tipo profesional; por ejemplo, en todos aquellos en los que esta concentración mental puede convertir a un buen jugador en un jugador excepcional. Pilates puede proporcionarle esa misma concentración, que habrá de permitirle conseguir la mejor disposición física posible.

Desarrolle un cuerpo esbelto y tonificado

✓ Elimina la grasa de los muslos.

✓ El estómago se hace más firme y liso.

✓ Se reduce la cintura, y las nalgas se tensan y elevan.

✓ Los brazos flojos y débiles se hacen más firmes y magros.

Pilates aumentará la fortaleza de sus músculos proporcionándole una mejor definición muscular. A diferencia de otras muchas formas de ejercicio que tienden a concentrarse en la musculatura superficial del cuerpo, Pilates trabaja también los músculos más internos, con lo que todo el cuerpo logra un desarrollo más equilibrado. Y a diferencia también de otros métodos físicos que pueden producir un acortamiento y abultamiento muscular, con lo que le proporcionarán a usted un físico chato y pesado, Pilates alarga los músculos, de modo que su cuerpo adquiere una línea más estilizada.

Pilates actúa construyendo lo que se conoce como **fortaleza funcional.** Esto significa que genera en usted tanta fuerza como sea conveniente, sin sacrificar la flexibilidad y, por consiguiente, la buena alineación del cuerpo. Llevando esta consideración hasta sus extremos, diríamos que si usted se concentra solamente en lograr una masa muscular muy fuerte sin preocuparse de otras implicaciones, es posible que llegue a tener fuerza suficiente para levantar un coche, pero el exagerado desarrollo de sus músculos le impedirá que pueda doblarse para tocar los dedos de los pies, o levantar fácilmente los brazos por encima de la cabeza. Pilates genera la cantidad justa de masa muscular que necesita su cuerpo, y que usted ha de emplear en su vida cotidiana. Piense más en la agilidad y magra fuerza de un Jackie Chan que en la exagerada corpulencia y rigidez de un Terminator.

Mejore su flexibilidad

✓ Estire adecuadamente todos sus músculos.

✓ Lubrique las articulaciones rígidas.

✓ Permita a su cuerpo moverse con mayor libertad.

✓ Reduzca los dolores y enfermedades.

✓ Muévase con mayor comodidad en su vida cotidiana.

Hoy en día muchos de nosotros llevamos una vida bastante inactiva, pasando la mayor parte del día sentados, quizá doblados sobre una mesa de despacho, o tumbados en el sofá de nuestra casa. Incluso si va a un gimnasio, ¿acaso no tiende a concentrarse en el desarrollo muscular de aquellas zonas de las que se ocupan sus ejercicios, olvidándose posteriormente de todo eso cuando abandona el gimnasio? Ese tipo de hábitos puede producir frecuentemente rigidez corporal, convirtiéndolo en una persona menos flexible a medida que vayan pasando los años. El sentarse de forma prolongada e inadecuada produce un debilitamiento de sus abdominales, un acortamiento de los músculos de las pantorrillas, el que se doble la columna y que sus hombros se echen hacia delante. Esto lleva a dolores de nuca, y a molestias de hombros y de cuello. Si usted pasa mucho rato sentado en una postura incorrecta, necesitará mejorar su disposición postural y su flexibilidad.

Una articulación que se mueve bien es una articulación que se encuentra bien lubricada. Cuando se mueve, su articulación desprende líquido sinovial que actúa como el aceite sobre una bisagra oxidada. Cuando realiza los ejercicios Pilates de una forma lenta y controlada, incrementa la producción de fluido sinovial, ya sea en la columna, en las caderas, hombros o codos. Esto hace que sus articulaciones se encuentren flexibles, evita que se encojan y reduzcan el ámbito de sus movimientos, y puede prevenir la artritis.

Pilates estimula lo que se conoce como **flexibilidad funcional.** Esto quiere decir que consigue toda la flexibilidad posible sin necesidad de sacrificar la fuerza muscular y, por consiguiente, la buena alineación durante el proceso. Para funcionar del mejor modo posible, su cuerpo necesita una **flexibilidad funcional óptima** y una **fuerza funcional óptima**. Ni más, ni menos. Es algo muy diferente de la mayoría de otros métodos de ejercicios, pues pretende mantener su cuerpo perfectamente equilibrado.

Mejor alineación corporal

Además de sentarse en una mala postura, ¿suele utilizar una y otra vez los mismos músculos? ¿Suele coger siempre el teléfono con la misma mano, o lleva el bolso o la cartera del mismo lado? Los movimientos repetitivos afectan la simetría del cuerpo, de modo que usted llega a desarrollar más un lado que el otro. Su cuerpo puede adoptar patrones equivocados de comportamiento que llegan a afectar a su postura y al equilibrio de sus músculos, pudiendo ocasionar enfermedades y dolores. Pilates reequilibra sus músculos para lograr una mejor alineación corporal; y al hacerlo así mejora también su postura.

Beneficios posturales

- **Los músculos débiles se hacen fuertes.**
- **Los músculos que se han utilizado demasiado aprenden a relajarse.**
- **Los hombros redondeados y echados hacia delante se abren y se enderezan.**
- **Los músculos encogidos del estómago se elevan y fortalecen para apoyar la columna.**
- **Una columna encogida se alarga y endereza.**
- **Una columna rígida se suaviza y recupera su curvatura natural.**

Menos estrés, más vitalidad

Si tiene la impresión de que su vida es cada vez más estresante, necesita controlar mejor ese estrés, de lo contrario será él el que controle su vida. Con Pilates, la combinación de centrar su mente, respirar bien y relajar y mover adecuadamente el cuerpo, reducirá grandemente los efectos del estrés. Muchas personas también descubren que con la práctica regular de Pilates desciende la presión arterial.

Vea la práctica de Pilates como un seguro refugio. Emplee las sesiones para concederse un tiempo para sí mismo, para abrirse, desestresarse y revivir. Cuando termine los ejercicios se sentirá más relajado, revigorizado, mejor afianzado y dispuesto para enfrentarse a los nuevos retos de la vida.

Curándose con Pilates

El cuerpo almacena todas las emociones, ya sean buenas o malas, y esto afecta a su postura. Usted presenta un cuerpo diferente cuando está feliz que cuando se siente triste o airado; y si mantiene una determinada emoción durante mucho tiempo, su cuerpo puede retener esa postura. Por ejemplo, si una persona siente la necesidad de ser protegida, posiblemente redondee y eche hacia delante los hombros en un movimiento mecánico para proteger su centro. Con el tiempo, los músculos pectorales se acortan y tensan, como resultado de esa postura continuada de hombros redondeados. Aprender a prestar atención al cuerpo no significa solo aprender a ver cómo se mueve, sino también cómo se siente.

Debido a traumas, a la apatía o a la negligencia, sus músculos pueden perder fuerza, los ligamentos pierden también elasticidad y el tejido conjuntivo se endurece. Puesto que Pilates hace que su mente mueva los músculos con precisión, también puede ayudarle a que se haga más consciente de las sutiles conexiones que existen entre cuerpo y mente. Al ir relajando el cuerpo mediante los ejercicios, quizá podamos curar nuestra mente.

Incremente la alerta mental

Una buena respiración mejora la calidad de la sangre y por tanto el nivel de agilidad. Al respirar bien con los ejercicios Pilates, clarificará la mente dejándola más dispuesta para recibir nueva información. Con los ejercicios Pilates usted coordina a menudo los movimientos complejos. Esta concentración le ayudará a mantener su capacidad mental en buen estado, a medida que se van cumpliendo años.

Mejore su autoestima

✓ Un mayor sentido de orgullo personal.

✓ Mejoría de la autoconfianza.

El dedicar cierto tiempo y de forma regular para hacer algo, permitirá que se sienta bien y que amplíe la perspectiva de su vida. Experimentará un sentimiento de orgullo en su cuerpo cada vez que realice un movimiento que creyó anteriormente que le resultaría imposible ejecutar, como, por ejemplo, el tocarse las puntas de los pies. El hecho de que logre esto mediante la conexión entre mente y cuerpo le proporcionará un sorprendente sentimiento de poder. Además, se volverá más comprensivo con sus imperfecciones. Aquellas partes de su físico que siempre consideró más defectuosas serán los objetivos sobre los que habrá de trabajar y en los que logrará buenos resultados mediante una práctica continuada.

Cuanto mejor se sienta consigo mismo, querrá hacer más ejercicio y comer saludablemente. Sentirse bien con el propio cuerpo, sean cuales sean sus características físicas, le proporcionará un nuevo sentimiento de autorresolución que atrae a los demás. La autoconfianza también parece mostrarse como el más fuerte de los afrodisíacos.

Adquiera una sensación de bienestar

Cuando se concentre realmente en cada ejercicio, empezará a entender lo que la gente quiere decir con la expresión «estar en la onda». Usted se encontrará viviendo plenamente el presente, sin preocuparse por el futuro, ni lamentarse por el pasado. Cuanto más perciba ese sentimiento en su vida diaria, más capacitado se encontrará para *estar* en el momento. Esto proporciona un sentimiento inmediato de bienestar. Usted se vuelve un mejor receptor, más perceptivo y más atento. Tendrá más éxito en su trabajo y será más feliz en sus relaciones personales. Esta sensación de felicidad surge de la calidad de sus movimientos en Pilates. Finalmente se encontrará controlando su cuerpo y estará sintonizado con lo que hace.

Pilates puede mejorar también su vida sexual, su circulación y proporcionarle una piel más clara y brillante. ¿Necesita más razones para empezar su programa ya?

Nada de metas a corto plazo

Seamos realistas. En ningún método de ejercicios hay algo que se parezca a metas a corto plazo. Pilates le proporcionará mejoras maravillosas para su cuerpo y su mente con el tiempo, pero no lo va a convertir en un supermodelo de cine de la noche a la mañana. En lugar de soñar con ideales imposibles de perfección, trate de conseguir el mejor físico posible. Un físico que se mueva con soltura y con gracia, un físico que se vea fuerte, tonificado, flexible y *sexy*. Al cabo de treinta sesiones empezará a notar cambios, pero necesitará continuar con Pilates para seguir progresando.

Pilates le esculpirá músculos más grandes y firmes. También aumentará su masa muscular, lo que quiere decir que su cuerpo quemará más rápidamente las calorías, logrando una disminución de peso y manteniéndolo en el que su cuerpo necesita tener. Muchas personas comprueban que han de reducir las tallas de su ropa sin necesidad de cambiar sus hábitos alimentarios.

Si usted tiene sobrepeso y quiere reducirlo rápidamente, deberá combinar Pilates con una dieta saludable y algún ejercicio de tipo cardiovascular, para poder eliminar la grasa corporal. Pilates puede proporcionarle un método cardiovascular en un nivel más avanzado, pero para ello los principiantes han de seguir clases supletorias.

Los ejercicios cardiovasculares deben ser moderados. Conseguirá resultados con sesiones de 30 a 60 minutos, de tres a cinco veces por semana, con marchas rápidas, nadando o con cualquier otro tipo de actividad que acelere su ritmo cardiaco. Puede hacer todo esto después de concluir sus ejercicios Pilates tres veces semanales, o bien hacerlo diariamente, alternando una clase de Pilates un día y ejercicio cardiovascular el siguiente.

Olvídese de dietas brutales y trate de ser sincero consigo mismo, porque de sobra sabe que eso no funciona. En cuanto vuelva a su dieta normal, volverá a aumentar de peso. Lea libros sobre dietas saludables, o bien visite a un especialista en nutrición y empiece a comer bien. Eso, por lo general, incluye aumentar la cantidad de fruta y de vegetales en su dieta, comer carnes, pescado y soja sin grasas y pequeñas cantidades de carbohidratos. También deberá suprimir los alimentos enlatados, las grasas saturadas y los azúcares; pero tampoco hay demasiado peligro en que, de vez en cuando, se conceda un pequeño capricho para ir tirando. Haga todo eso y verá cómo, casi con plena certeza, su peso se reducirá.

Mantenga el debido equilibrio

La cosa es muy sencilla. Si la energía que entra es menor que la que se consume, usted perderá peso. Si no es así, necesitará o bien comer un poco menos o hacer más ejercicio. No es cosa sencilla; y, por supuesto, no sería la forma que escogeríamos si todos los alimentos fueran iguales; pero si queremos perder peso y mantenernos en él, no hay otro sistema. Sea cual sea el sistema que decida, trate de encontrar una forma saludable de comer que se acople a su sistema de vida y que incluya alimentos que realmente le gusten. Quizá le resulte extraño, pero se sorprendería si supiera cuántas personas no tienen en cuenta estos factores y, sin embargo, se lamentan de no conseguir resultados. Saber seleccionar algo que esté en consonancia con uno es la mejor forma de asegurarse el éxito.

El mejor promedio de pérdida de peso es el de 0,5-1 kg por semana, ya que esto significará que estará perdiendo bastante más grasa que tejido muscular, y podrá mantener esa reducción ponderal. Si pierde peso en esa proporción mientras practica sus treinta clases de Pilates a lo largo de 10 semanas, podrá haber perdido unos 10 kg cuando llegue a su trigésima lección.

Principios Pilates

En Pilates se hace hincapié en la calidad de los movimientos y no en la repetición mecánica de los mismos. Esa calidad se consigue mediante seis principios fundamentales: respiración, concentración, control, centramiento, precisión y fluidez. Tenga presente que lleva tiempo mejorar la atención del cuerpo y el alargar y fortalecer los músculos; por tanto, sea paciente. Mantenga presentes esos seis principios y, con el tiempo, verá que forman parte de usted cuando se mueva.

Respiración

La respiración es esencial para la vida; por tanto, respirar bien es algo vital. La mayoría de nosotros hacemos un tipo de respiración superficial, o no expulsamos el aire de los pulmones por completo, de modo que casi nunca hacemos una buena inspiración de aire fresco. Una buena respiración conseguirá:

- ✓ Mejorar su circulación.
- ✓ Liberar su cuerpo de toxinas.
- ✓ Mejorar el tono de su piel.
- ✓ Estimular la concentración y le ayudará a reforzar los músculos apropiados para sus movimientos.
- ✓ Tranquilizar su mente y su cuerpo.
- ✓ Le ayudará a controlar los movimientos de cada día.

Concentración

Esta es la llave para conectar la mente y el cuerpo. La mente es la que hace mover el cuerpo. Concéntrese en cada parte del ejercicio: el ritmo de la respiración, la posición de la cabeza, la curvatura de la espalda, la doblez de sus piernas, la posición de sus brazos, etc. Preste atención a los músculos específicos con los que está trabajando y logrará que incrementen su fuerza. A medida que mejora su concentración obtendrá una sensación más intensa de atención corporal, de modo que podrá reconocer las sensaciones corporales con mayor precisión. Esta habilidad nueva resulta esencial para mejorar su técnica Pilates y también es muy buena para enriquecer su vida sexual.

Control

Uno de los elementos más importantes de Pilates es controlar adecuadamente los movimientos. Originariamente Joseph Pilates denominó a este nuevo programa de ejercicios «Contrología». Es mejor repetir correctamente un ejercicio un par de veces que hacerlo veinte de forma incorrecta. El hacer de forma inadecuada los ejercicios es una de las causas principales de lesiones en otro métodos. Al controlar cuidadosamente sus músculos, Pilates se convierte en uno de los programas más seguros. También es necesario el control para asegurarse el mayor beneficio de cada ejercicio. Todos los detalles de cada ejercicio cumplen su función.

Centramiento

Piense en cómo se mueve: ¿qué músculos utiliza más a menudo? Muy probablemente los músculos de sus brazos y piernas. Pero existe un amplio grupo de músculos en la parte central de su cuerpo —empezando por los músculos de su base pelviana, e incluyendo los de sus nalgas, caderas, estómago y espalda, es decir, todos los que llegan hasta las costillas inferiores— de los que casi todos nos olvidamos. Joseph Pilates llamaba a esta parte central del cuerpo la «central eléctrica» (véase pág. 18); y es precisamente esa central eléctrica la que se necesita para fortalecer y servir de sostén a su columna, a sus órganos internos y a su postura. Fortalecer su central eléctrica puede reducir o eliminar muchos de los problemas asociados a dolores crónicos y lumbares, muy especialmente. También ayudará al buen funcionamiento de sus órganos internos, permitiendo que los miembros se muevan de forma segura y correcta en torno a ese potente centro. Pilates le enseñará a empezar todos los movimientos desde ese centro, de modo que usted funcionará perfectamente y no solamente mientras está realizando los ejercicios, sino durante todo el día. El centramiento Pilates también le hará sentirse más estable, más seguro, más capaz de confiar en usted mismo y en preocuparse menos por los demás; lo que, a su vez, aumentará su propia confianza. Actuará sobre su claridad mental y creará una sensación de profunda tranquilidad.

Precisión

Si quiere mejorar la calidad de sus movimientos, necesitará utilizar una absoluta precisión. Al pensar de forma acertada podrá controlar los músculos determinados de su cuerpo. Esto le permitirá moverse tambien de forma precisa, de modo que le será posible volver a alinear o a esculpir esos músculos. Cada ejercicio de Pilates está ahí para cumplir su correspondiente propósito; y cada pequeña instrucción necesita ser atendida si se quiere lograr el éxito. Debe intentar llevar a cabo cada movimiento de forma perfecta, porque un solo movimiento realizado adecuadamente es mejor que muchos hechos a medias. Finalmente, esa precisión se convertirá para usted en una segunda naturaleza.

Fluidez

Una de las cosas más agradables de Pilates es la sensación de libertad y de soltura que experimenta mientras realiza los ejercicios. Usted se encuentra en ese momento presente, lo que a veces se denomina «estar en la onda». Ninguno de los ejercicios de Pilates es rápido o nervioso, y tampoco los hay estáticos ni aislados, porque el cuerpo no se mueve naturalmente de ese modo. En vez de eso, la gracia triunfa sobre la velocidad. Existe la misma fluidez que usted podría sentir si practicara *ballet* o artes marciales.

Durante su entrenamiento, trate de concentrarse en la fluidez, en cada uno de los ejercicios. A medida que vaya adquiriendo más práctica, déjese ir con fluidez de un ejercicio al siguiente.

Incorporar los principios

Cuando practique Pilates trate de mantener presentes estos seis principios. Está aprendiendo a dominar su cuerpo con la mente, de modo que ponga en práctica cada uno de esos principios antes de pasar al siguiente, y de esa forma se irán haciendo algo habitual en usted:

Estudie primero todos los pasos y después ponga en práctica la **respiración.**

Seguidamente **concéntrese** en su cuerpo.

Muévase con **control.**

Inicie los movimientos desde su **centro.**

Trabaje con **precisión.** Después establezca el **flujo.**

Evaluación postural

Antes de que empiece su programa Pilates, necesita mirar con detenimiento la postura que corrientemente adopta, de modo que pueda apreciar plenamente los maravillosos cambios que le esperan.

Cómo le puede ayudar Pilates

Sitúese delante de un espejo de cuerpo entero poniéndose como suele hacerlo corrientemente, y estúdiese desde todos los ángulos, de frente, de espalda y de lado. O mejor aún: pídale a un amigo o a un compañero que le haga fotografías en ropa interior desde todos los ángulos. Después eche un vistazo a las preguntas que se le formulan más abajo; si contesta sí a cualquiera de ellas, Pilates podrá ayudarle. No se trata de un milagro que se haga de la noche a la mañana, sino que de forma lenta y segura su postura podrá mejorarse. Esas treinta primeras clases Pilates lo van a poner en el buen camino. El hecho de que su cuerpo no posea una buena alineación puede ocasionarle problemas: dolores lumbares, molestias crónicas de cuello y de hombros, debilidad en las rodillas, reducción de la capacidad pulmonar, nervios comprimidos y frecuentes dolores de cabeza, por mencionar solamente algunas de esas molestias. Una postura deficiente también puede producir baja autoestima y flojedad.

Por el contrario, una buena postura reduce las enfermedades y los dolores, haciendo que usted pueda moverse con más soltura y comodidad. Sus pulmones podrán funcionar de forma más eficaz, aumentando su circulación sanguínea y proporcionándole mayor energía. Una buena postura implica confianza en uno mismo, vitalidad y buena salud. Además de sus clases de Pilates, trate de mejorar diariamente su postura. Tenga presente su alineación corporal, tanto si está de pie, como sentado o acostado. El adoptar una buena postura puede resultar un poco extraño al principio, porque no está acostumbrado a tenerla, pero se convertirá en algo usual para usted con la práctica. Muy probablemente, por el mero hecho de mejorar su postura, «crecerá» algunos centímetros y reducirá su cintura.

Existe toda una gama de posturas como consecuencia de malos hábitos, o de procesos genéticos o incluso de enfermedades. Un buen profesor Pilates podrá diagnosticarle sus problemas posturales recomendándole aquellos ejercicios que le resultarán beneficiosos. Si usted carece de problemas físicos, todos los ejercicios Pilates que figuran en este libro le proporcionarán notables beneficios posturales.

¿Podría mejorar su postura?

- ¿En lugar de mantenerse erguido cuando está de pie, suele encogerse ensanchando su cintura y reduciendo su estatura?
- ¿Suele echar la cabeza adelantándola al resto del cuerpo?
- ¿Echa los hombros hacia delante, redondeándolos, y perdiendo la debida alineación de la columna?
- ¿Es un hombro más alto que el otro?
- ¿Suele tensar los hombros elevándolos hacia las orejas y debilitando los músculos de la parte superior de la espalda?
- ¿Suele echar hacia fuera el pecho y las costillas, haciendo que sus hombros caigan hacia atrás?
- ¿Tiene usted un vientre prominente que obligue a arquearse excesivamente a sus lumbares, produciéndole posibles dolores?
- ¿Suelen doblarse sus rodillas y tobillos hacia dentro o hacia fuera? ¿Se encuentran sus caderas mal alineadas con respecto a sus rodillas, y estas mal alineadas con respecto a los tobillos?
- ¿Suele mantener los pies mirando hacia fuera con andares de pato?

Mantener una buena postura

- Manténgase con los pies alineados con las caderas, asegurándose de que miran hacia delante y que se encuentran paralelos.
- Mantenga el equilibrio depositando su peso corporal sobre la base del dedo gordo del pie, la parte lateral del pie y el talón.
- Asegúrese de que ambas piernas miran hacia delante.
- Mantenga las rodillas en una posición suavemente abierta.
- Estire suavemente sus músculos abdominales y deje que su cóccix se mantenga bajo. Imagine que tiene una plomada atada a su cóccix, y siéntala caer entre sus piernas hacia el suelo.
- Manténgase erguido, de modo que haya espacio suficiente entre sus caderas y su caja torácica, asegurándose de que las costillas no sobresalen.
- Eleve suavemente los hombros hacia las orejas, hágalos girar y vuelva a dejarlos caer. Manténgalos bajos presionando ligeramente sus axilas hacia las caderas.
- Relaje los brazos de modo que caigan naturalmente hacia el centro de las caderas. Las palmas de las manos deben mirar hacia los costados y no hacia atrás.
- Alargue la parte posterior del cuello. Imagine que tiene una cuerda atada a la coronilla y que tira suavemente hacia el techo.

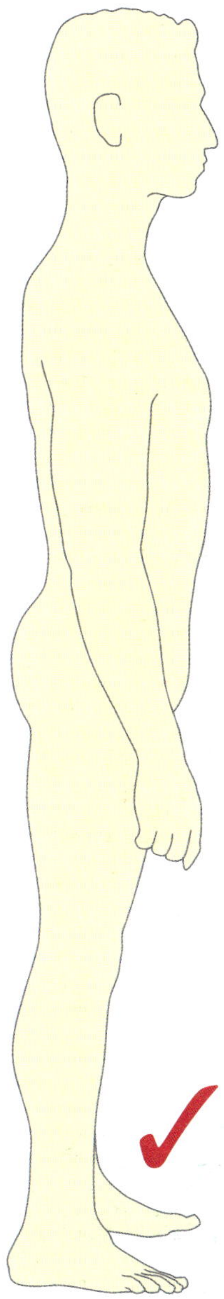

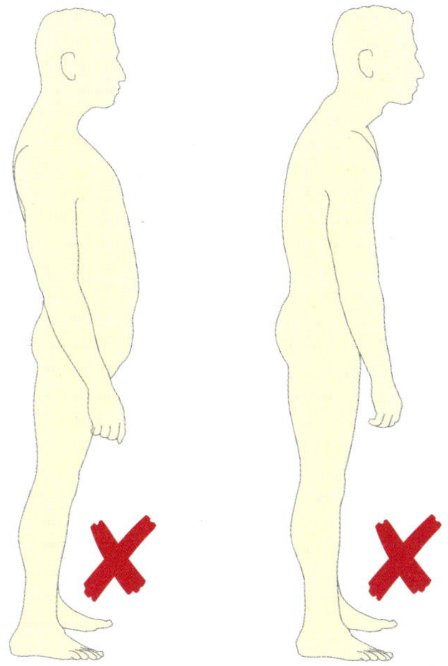

Advertencia

Si tiene algún problema muscular u óseo a consecuencia de una deficiencia o padecimiento físico, como pueda ser hernia discal, osteoporosis, artritis o molestias de tensión crónicas, es esencial que antes de empezar este programa de ejercicios consulte con un médico y con un profesor de Pilates. Es casi seguro que los ejercicios Pilates serán beneficiosos para usted, pero deberá hacerlos solamente bajo supervisión médica.

Anatomía

Es útil familiarizarse con la estructura esquelética y con los grupos musculares más corrientes, de modo que pueda prestar mayor atención a la forma como se mueve su cuerpo cuando realiza los ejercicios Pilates. Los siguientes diagramas no pretenden ser completos, pero le proporcionarán una visión sencilla de su estructura músculo-esquelética.

Estructura esquelética

1 **Vértebras cervicales.** Esta sección superior de la columna, formada por las siete vértebras superiores, es muy flexible y permite que la cabeza realice una amplia gama de movimientos. Sin embargo, esta flexibilidad hace a esta parte cervical de la columna especialmente vulnerable a las lesiones.

2 **Vértebras torácicas.** Son las doce vértebras que se articulan con los doce pares de costillas.

3 **Vértebras lumbares**. Son las cinco vértebras que se encuentran entre las costillas y la pelvis, y que sostienen todo el peso del tonco.

4 **Vértebras sacras**. Estas cinco vértebras están soldadas en el adulto, formando un hueso sólido.

5 **Cóccix.** Son las cuatro vértebras finales de la columna. Se hallan soldadas formando lo que comúnmente se conoce como «rabadilla».

6 **Esternón.** Es el hueso que se une a los diez pares superiores de costillas, dejando flotantes a los dos pares inferiores.

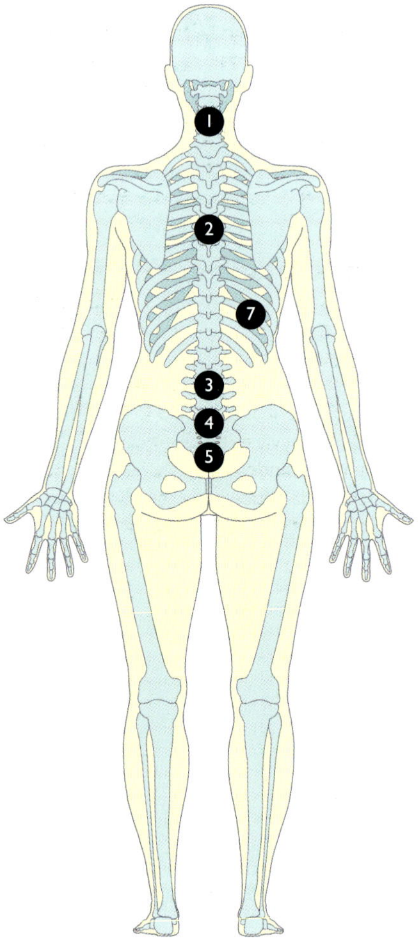

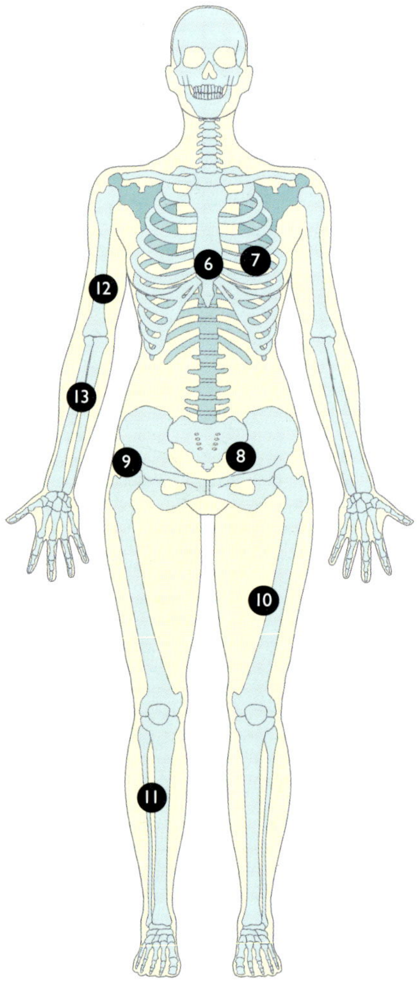

7 **Costillas.** Forman una caja protectora que resguarda algunos de los órganos internos (por ejemplo, el corazón y los pulmones).

8 **Pelvis.** Está formada por tres huesos soldados, el íleon con forma de ala, el pubis, en la parte delantera y el isquion en la trasera. Para dar una idea general, digamos que si se imagina un triángulo formado por los dos huesos de las caderas y el hueso púbico, y se imagina otro triángulo en la parte posterior del cuerpo, la pelvis se encuentra entre ambos triángulos.

9 **Articulación de la cadera.** Es la rótula que une el fémur y la pelvis.

10 **Fémur.** Es el hueso del muslo.

11 **Tibia y peroné**. Son los huesos de la pierna.

12 **Húmero**. Es el hueso del antebrazo.

13 **Cúbito y radio**. Son los huesos del brazo.

Músculos

1 **Trapecio.** Recorre la parte posterior del cuello y los hombros.
Se utiliza para mover la cabeza, el cuello y los omóplatos. La parte inferior, con los músculos serrato anterior, romboide y latísimus dorsi, es importante para la estabilidad de los hombros.

2 **Deltoide.** Recorre el hombro y la parte superior del brazo.
Se utiliza para mover el brazo hacia delante, hacia atrás y hacia arriba.

3 **Romboide.** Une el omóplato con la columna. En su mayor parte se encuentra debajo del músculo trapecio.

4 **Tríceps.** Es el músculo de la parte superior del brazo.
Se utiliza para estirar el brazo.

5 **Latíssimus dorsi.** Va desde la parte media torácica a la región lumbar.
Se utiliza para tirar de los hombros hacia abajo y hacia atrás y el cuerpo hacia arriba.

6 **Serrato anterior.** Tira del omóplato hacia las costillas.

7 **Erector de la columna**. (No se ve.) Grupo de músculos que recorren cada costado.
Se utiliza para mantener erguida la columna. Sus profundas ramificaciones de la región lumbo-sacra desempeñan un papel muy importante a la hora de mantener la estabilidad central junto con los músculos abdominales.

8 **Cuadratus lumborum** (No se ve.) También llamado «músculo de la espalda inferior», es un músculo profundo del costado de la cintura.
Se utiliza para doblarse lateralmente.

9 **Glúteo máximo**. Forma la mayor parte de los músculos de las nalgas.
Se utiliza para correr y saltar.

10 **Tendones de las corvas**. Son los tres músculos que recorren la parte posterior de los muslos.
Se utilizan para elevar el muslo hacia atrás y doblar la pierna por la rodilla.

11 **Gastronemio**. Forma la mayor parte de los músculos de la pantorrilla y recorre la parte posterior de la pierna.
Se utiliza para flexionar el pie.

12 **Pectorales**. Estos músculos del pecho llevan el brazo hacia al cuerpo.
Se utilizan para rotar el brazo y flexionar y estabilizar el hombro.

13 **Bíceps**. Son los músculos del antebrazo.
Se utilizan para doblar el codo.

14 **Recto abdominal.** Es un conjunto de seis músculos que recorren la parte anterior del abdomen.
Se utilizan para doblar el tronco, tirando de la parte inferior del cuerpo hacia el tórax. Ayudan a mantener una buena postura, funcionando conjuntamente con el transverso abdominal más profundo (no se ve) y con los oblicuos.

15 **Oblicuos externos**. Músculos abdominales que recorren diagonalmente los costados del tronco.
Se utilizan para doblar y rotar el tronco, conjuntamente con los oblicuos internos (no se ven) y el recto abdominal. Son importantes para mantener la estabilidad central.

16 **Psoas.** (No se ve.) También llamados «flexores de la cadera». Son dos músculos profundos que van desde la parte anterior del fémur, a lo largo de la pelvis, hasta la región lumbar de la columna.
Se utilizan para flexionar el muslo. Es importante para mantener una buena estabilidad pelviana.

17 **Abductores.** Son cuatro músculos internos del muslo.
Se utilizan para mover la pierna hacia adentro.

18 **Cuádriceps** o «cuads».
El cuádriceps femoris es un músculo de cuatro cabezas que recorre la parte frontal del muslo.
Se utiliza para realizar el movimiento contrario a los tendones de la corva, extendiendo y enderezando la rodilla. También actúa sobre la articulación de la cadera para elevar el muslo hacia esta.

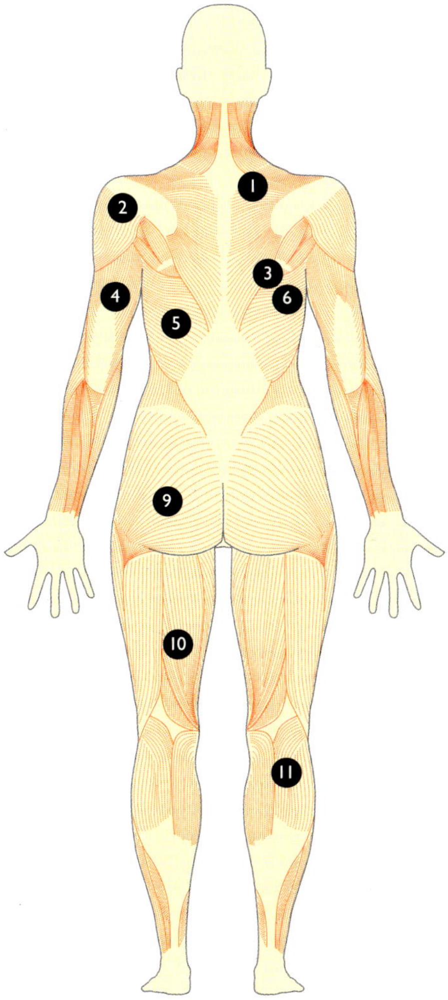

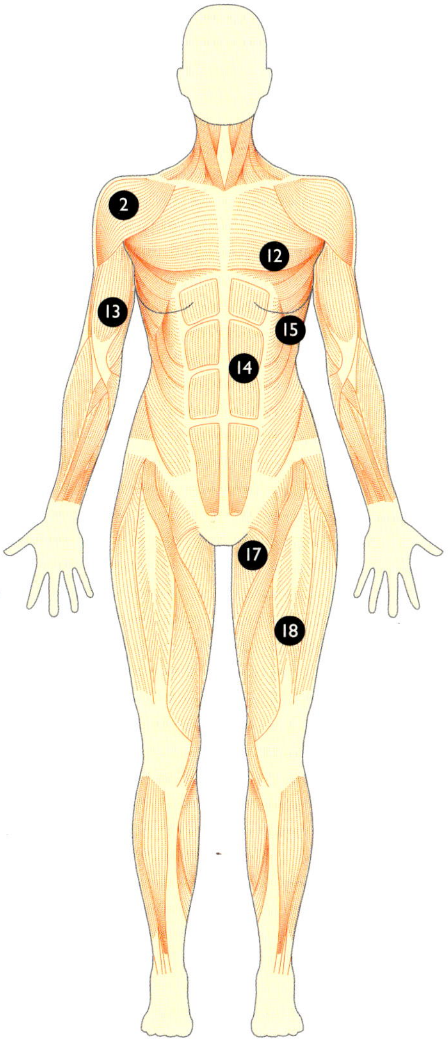

Estabilización central

La estabilización central es la clave del Pilates. Usted necesita fortalecer su tronco, su «centro», para poder moverse de forma más eficaz. Si su centro es fuerte, se encontrará mejor equilibrado y esto tendrá un profundo efecto sobre el resto de su cuerpo.

Con los ejercicios de estabilización central, usted crea una especie de «anillo de fuerza», la central eléctrica, alrededor del tronco que servirá para proteger su columna y sus órganos internos. Esto tiene mucho que ver con el control de sus miembros y la protección de su columna.

La mayoría de nosotros hacemos ejercicio sin tener en cuenta el inicio de cada movimiento. En consecuencia, nos movemos de forma pobre, con el riesgo de estresar nuestros músculos o incluso de provocarnos un daño mayor. Pilates le enseñará a utilizar debidamente su central eléctrica al iniciar cada movimiento. Empezará todos los ejercicios fortaleciendo su centro antes de trabajar con otros músculos. De este modo, aprenderá a iniciar todo ejercicio desde el centro de su cuerpo. Esta poderosa técnica:

✓ Mejorará su alineación y su postura.

✓ Reducirá de forma radical los dolores de espalda.

✓ Fortalecerá y protegerá su cuerpo de por vida.

Los músculos de la «central eléctrica»

Originalmente, Joseph Pilates situó esta parte entre la base de las costillas y la zona superior de la pelvis; pero, hoy en día, esta «central eléctrica» se refiere a la zona comprendida entre las costillas inferiores y la base pelviana. Los músculos abdominales rodean y soportan la parte inferior del torso y conectan la pelvis con las costillas. Los músculos abdominales más importantes (véase el diagrama, a la derecha) forman una especie de corsé que estabiliza la columna, protege los órganos internos y le permite doblarse y torcerse.

El **recto abdominal** es el músculo abdominal que se activa más fácilmente, pero necesita controlarse con los músculos abdominales más profundos, **el abdominal transverso** y los **oblicuos interno y externo**. Generalmente estos son los más débiles y pueden quedar fácilmente olvidados cuando se hacen flexiones con el estómago, en el gimnasio. Por tal razón, en Pilates se trabajará desde dentro hacia fuera, empezando con las capas más profundas de la musculatura, y continuando hacia fuera, hacia los músculos más superficiales. Usted solamente podrá activar los músculos más profundos mediante una respiración correcta, y por esa razón la respiración desempeña un papel tan importante en Pilates. El fortalecer todos los músculos abdominales, y no solo el recto abdominal, establecerá toda la diferencia necesaria para lograr un estómago más firme y liso.

Hay otros músculos que desempeñan también un papel importante en la estabilización central. Entre ellos hay que incluir a los músculos de la espalda, de las nalgas, a los flexores de las caderas, e incluso a los de la base pelviana. Trabajan en conjunción con los músculos abdominales para estabilizar el centro. Pilates fortalecerá cada uno de ellos y le enseñará a usted a utilizarlos correctamente cuando realice un movimiento.

Músculos abdominales

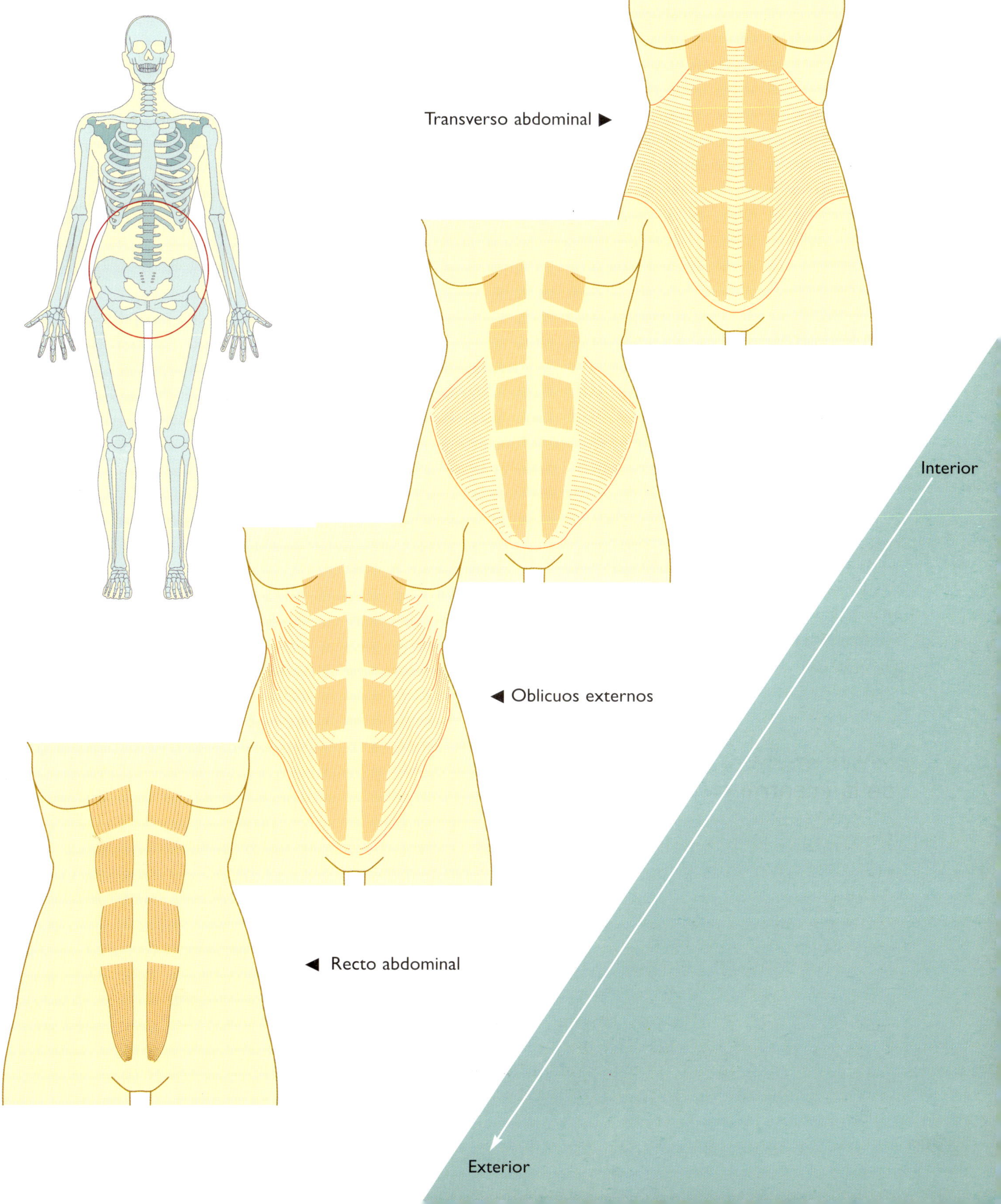

Estabilización de hombros

Es muy frecuente utilizar exageradamente los músculos profundos de apoyo de los hombros, o bien utilizarlos de forma indebida; esto lleva frecuentemente a tener unos hombros rígidos y dolorosos, además de producir dolores de cuello y de cabeza. Una buena estabilización de hombros le ayudará a reducir este tipo de problemas.

Cómo estabilizar los hombros

Mantener estables los omóplatos cuando usted se mueve permitirá que sus brazos se estiren o eleven de forma libre. A lo largo de este libro se le enseñará a estabilizar los hombros y a mantener los omóplatos bien encajados en la espalda. Para conseguirlo, trate de estirar los laterales de los omóplatos, de modo que se muevan hacia abajo, hacia las caderas, o bien imagine que está haciendo resbalar sus axilas hacia las caderas. No deje que los omóplatos se retraigan mientras realiza ese movimiento. No deben sobresalir de la espalda, adoptando forma de «ala». En vez de eso, mientras los hace descender, piense que están envolviendo suavemente los laterales de la caja torácica. Es un movimiento sutil pero vital.

Mientras realiza este ejercicio, si no lo ejecuta debidamente, advertirá que son los hombros los primeros en tensarse. En lugar de permitir que pase esto, trate de relajar conscientemente los hombros durante todos los movimientos, haciendo deslizar hacia abajo los omóplatos.

1 Póngase enfrente de un espejo y extienda lentamente un brazo hacia el techo. Ahora vaya bajando lentamente ese brazo estirado.

2 Examine ese movimiento. Cuando levantó el brazo por encima de la cabeza, ¿quedó algún espacio entre la parte superior del hombro y la oreja? (Vea la imagen, arriba a la izquierda.) ¿O bien ha levantado el brazo hacia la oreja generando tensión? (Vea la imagen, arriba a la derecha.)

3 Vuelva a levantar el brazo, pero esta vez concentrándose en dejar resbalar suavemente hacia abajo la parte exterior del omóplato y levantando después el brazo. Esto permite que quede mayor espacio entre la parte superior del hombro y la oreja sin crear tensión. Si tiene que mover el hombro y el brazo conjuntamente, la articulación no estará trabajando como es debido. Pilates le enseñará a hacerlo.

Base pelviana

La musculatura de la base pelviana está formada por un conjunto de músculos de la zona pelviana que soportan los órganos internos y la conectan con el resto de la región abdominal. Son sumamente importantes puesto que resultan fundamentales para la estabilidad central, y también interactúan con la región torácica (la parte del cuerpo rodeada por las costillas), afectando a la capacidad para respirar.

La base pelviana es igual que cualquier otro músculo. Si no la ejercita, se torna débil y puede producir problemas. Si esta base pelviana pierde tono y elasticidad, su postura se colapsa, el estómago se hace sobresaliente y los músculos que controlan el recto, la vejiga y la vagina se debilitan. Una zona pelviana débil puede producir dolor de espalda e incontinencia (muy frecuente en las mujeres, tras el embarazo).

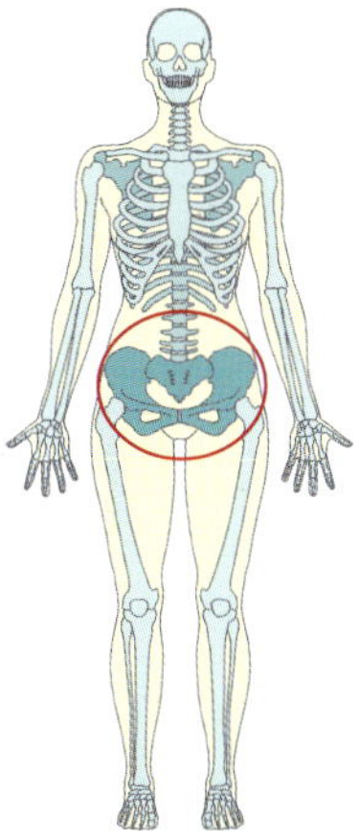

Teniendo en cuenta que los músculos exteriores de la base pelviana rodean los órganos sexuales, el poseer una musculatura fuerte de esta zona puede favorecer su libido. Desarrolle la musculatura de su base pelviana y también podrá mejorar su vida sexual.

El ejercicio de esta musculatura también ayuda a incorporar la base pelviana a la respiración lateral (véase pág. 23).

▼ Músculos de la base pelviana (vistos desde arriba).

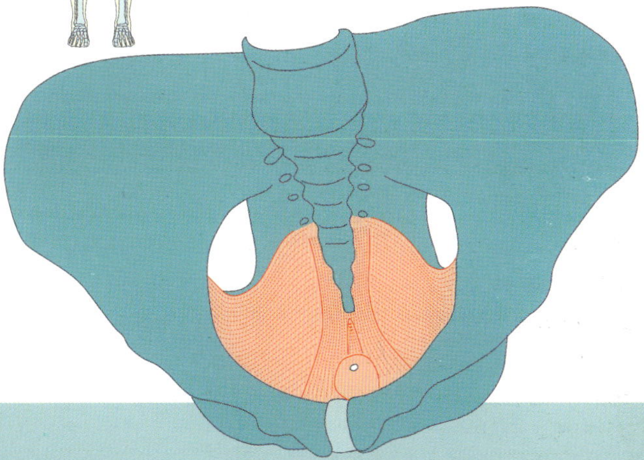

Cómo encontrar su base pelviana

El modo más sencillo, tanto para hombres como para mujeres, de encontrar la base pelviana es parar un momento el flujo de la orina durante la micción. La base pelviana es el músculo que sentirá actuar cuando detenga el flujo de la orina. Repita esto unas cuantas veces para aprender a localizar esta zona; pero tenga presente que no debe practicar habitualmente este ejercicio porque no sería bueno para su vejiga.

- Trate de activar la musculatura de su base pelviana cuando se encuentra de pie, sentado o acostado.
- Practique de forma suave la contracción y la liberación de la musculatura pelviana para que pueda localizarla fácilmente. A las mujeres les resulta más fácil esta localización al imaginarse que pueden aspirar agua por la vagina. Los hombres elevan sus uretras y les basta con recordar la sensación percibida cuando entran en las frías aguas del mar. Al recordar esa sensación, se pone en actividad la musculatura pelviana. Recuerde que no debe activar la musculatura de las nalgas en ese momento.

Respiración

Si respiramos deficientemente, nuestros pulmones no recibirán la cantidad de oxígeno necesario para mantener una buena salud, la caja torácica puede hacerse rígida y poco flexible y todo ello producirá problemas. Si, por el contrario, respiramos bien, oxigenaremos la sangre, eliminaremos toxinas y mejorará nuestra circulación.

Hay diferentes modos de respirar deficientemente. Algunas personas practican una respiración de la parte superior del pecho, con lo cual realizan una respiración débil, tensan el cuello y la garganta y elevan los hombros y caderas con cada inspiración. Esto resulta sumamente estresante para el cuerpo, siendo una forma de respiración muy corriente entre los enfermos de asma. Otras personas tienden a ser «respiradores diafragmáticos», llenando el estómago de aire con cada inspiración.

Respiración lateral

En Pilates se practica la llamada «respiración lateral», ya que es la que proporciona una mayor **estabilidad central.** Al respirar más lateralmente, expandimos la caja torácica hacia los costados con cada inspiración, llenando de aire los costados y la parte posterior del tórax. Esto activa los músculos existentes entre las costillas, facilitando su expansión y haciendo más flexible la parte superior del cuerpo.

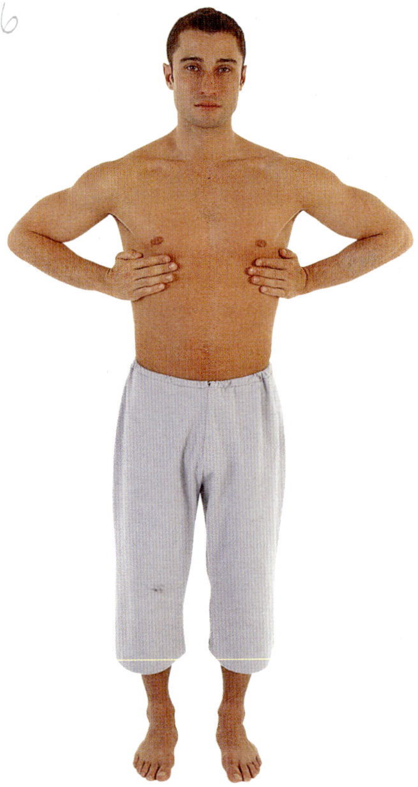

1 Sitúe las manos sobre los laterales de la caja torácica. **Inspire lenta y suavemente** por la nariz, permitiendo que sus costillas se expandan hacia los lados bajo sus manos, a medida que va llenando de aire los laterales y la parte posterior del tórax. No fuerce el movimiento; al principio es posible que su tórax solamente se mueva muy ligeramente.

2 **Espire lentamente** por la boca, manteniendo relajados los labios y las mandíbulas, de modo que los primeros no se sientan contraídos y las mandíbulas no estén apretadas.

3 Haga 6-10 respiraciones de esta forma.

4 Repita otras 6-10 respiraciones, pero esta vez dejando que los brazos estén caídos a lo largo de los costados.

Puede necesitarse algo de tiempo para convertir esta respiración en un proceso natural, especialmente si tiene tensa la parte superior y media de la espalda. Siga practicando y, poco a poco, se convertirá en algo totalmente natural.

Nota importante

El método de respiración que se menciona en este libro es el utilizado en Pilates. Se ha concebido de forma sencilla teniendo en cuenta que usted lo está practicando en casa sin la ayuda de un monitor. Si advierte que vuelve a caer en los hábitos de respiración anteriores y que le parece muy difícil practicar la respiración lateral aun después de haberlo intentado, sería conveniente que solicitase unas clases privadas con un monitor Pilates que le pueda enseñar la forma adecuada de respirar.

Estirar los abdominales

Cuando en Pilates respiramos lateralmente, incorporamos la musculatura abdominal y la pelviana en nuestros movimientos, consiguiendo con ello una mayor estabilidad central.

Al principio le resultará muy distinta esta forma de respirar, pero continúe practicando el método que se describe seguidamente. Al empezar, le parecerá que está inspirando con la parte superior del pecho, con el estómago y con la caja torácica. Eso está bien de momento; y tenga en cuenta que si su tórax está rígido y poco flexible, le puede llevar cierto tiempo lograr moverlo con mayor libertad. Practique la respiración lateral cuando se encuentre sentado o de pie, y también cuando se halle acostado. Esto fortalecerá su musculatura abdominal profunda que, probablemente, habrá estado abandonada. Estos son los músculos que habrán de proporcionarle un estómago más liso y le evitarán dolores lumbares.

Si le resulta difícil localizar sus músculos pelvianos, o le parece complicado activarlos suavemente, sin tener que tensar la musculatura de las nalgas, olvídese de momento de la base pelviana y céntrese en estirar los abdominales de forma adecuada en cada espiración. Siempre tendrá ocasión, más adelante, de incluir la base pelviana en este ejercicio respiratorio cuando tenga más experiencia.

1 Tiéndase sobre la espalda con las rodillas dobladas en ángulo de 90 grados, y con los pies y rodillas alineados con las caderas. Deje que los brazos descansen a los costados. **Inspire** suavemente por la nariz haciendo una respiración lateral y llenando de aire los costados y la parte posterior del tórax. Haga una breve pausa.

2 Empiece **espirando suavemente** por la boca, mientras activa su base pelviana, y sienta cómo al **espirar** su estómago se va hundiendo, poco a poco, en el suelo. Mientras sigue **espirando,** deje que su estómago se hunda un poco más, estirando la musculatura de su parte baja; de este modo el estómago se vaciará por completo. No tense la musculatura estomacal, deje que se hunda suavemente y asegúrese de que no está moviendo la columna. Haga una breve pausa.

3 **Inspire** suavemente por la nariz, llenando los laterales y la parte posterior de la caja torácica. Haga una beve pausa, y repita la espiración como ya se ha indicado.

Repita 6-10 respiraciones completas.

Columna neutra

La mayoría de los ejercicios que se describen en este libro se realizan en la posición llamada «columna neutra». Ella hace referencia a las curvas naturales de la espalda, siendo la mejor posición para la columna al no someterla a estrés y, por consiguiente, protegerla.

Encuentre su columna neutra

La columna neutra permite la mejor alineación del cuerpo, de modo que los músculos se encuentren debidamente equilibrados. Esto también asegura una buena activación de los músculos abdominales. Es una posición personal para cada individuo, por lo que encontrar la que se acomode mejor a usted puede requerir un poco de práctica.

- ✗ Tiéndase en la colchoneta con las rodillas dobladas. Si inclina su pelvis hacia arriba (elevando su hueso púbico hacia el techo), perderá la curvatura natural de la espalda, al tener la columna pegada al suelo y el cóccix alzado.

- ✗ Si inclina la pelvis de la otra manera (es decir, presionando el hueso púbico sobre la colchoneta), la espalda se arqueará demasiado.
- ✓ La posición de la columna neutra se encuentra entre las dos posiciones anteriores. La pelvis está ahora equilibrada, de forma que la curva de la parte inferior de su columna, por detrás de la cintura, no se ha perdido por completo al presionar la espalda sobre la colchoneta; ni tampoco se habrá producido un arco exagerado, con lo que quedará un espacio entre la espalda y el suelo.

Cuando se encuentra en esta posición de columna neutra, su cóccix se halla sobre el suelo y se alarga, y su hueso púbico y los dos huesos de las caderas están nivelados. Esta posición es ligeramente distinta para cada persona; pero, en cualquier caso, debe haber espacio suficiente para poder colocar la palma de la mano en el hueco dejado entre la parte posterior de la cintura y el suelo.

En Pilates deberá trabajar en esta posición de columna neutral cuando se encuentre de pie, sentado o acostado con los pies sobre el suelo. Si por el contrario los pies tienen que alzarse de la colchoneta, podrá abandonar esta posición neutra presionando con sus lumbares sobre el suelo, para lograr un apoyo adicional.

Articulación espinal

Su columna está formada por 24 pequeños huesos (vértebras), más los huesos cóccix y sacro. Los huesos de la columna soportan el tronco y protegen la médula espinal. También le permiten realizar movimientos. Una columna flexible le permitirá torcerse y girar su cuerpo en muchas direcciones.

Para tener una columna flexible necesitará articularla y estirarla. También será necesario que la fortalezca para mejorar su postura. Muchos de los ejercicios de Pilates tienen por objetivo fortalecer e incrementar la flexibilidad de la columna. En muchos de ellos leerá expresiones como «empuje la columna hacia abajo», «enrosque la columna» o «despegue la columna de la colchoneta, vértebra a vértebra». Todo ello no significa más que distintos modos de articular la columna de forma que pueda trabajarse cada parte de la misma, movilizando y separando cada vértebra, una a una.

Cuando «enrosque» su columna, ya sea hacia arriba o hacia abajo, deberá prestar atención a aquellas partes que se muestran más flexibles y a aquellas otras que parecen más rígidas y tensas, y que les cuesta más separarse. Precisamente, en estas partes tensas deberá centrar su atención, tomándose su tiempo y respirando despacio para aumentar la debida apertura de esa zona. Tanto si enrolla su columna hacia arriba como hacia abajo, imagínese que ella está adoptando la forma de la letra C cada vez que usted se mueve; esto le ayudará a articular mejor la columna, aumentando su flexibilidad y fortaleza.

Alineación

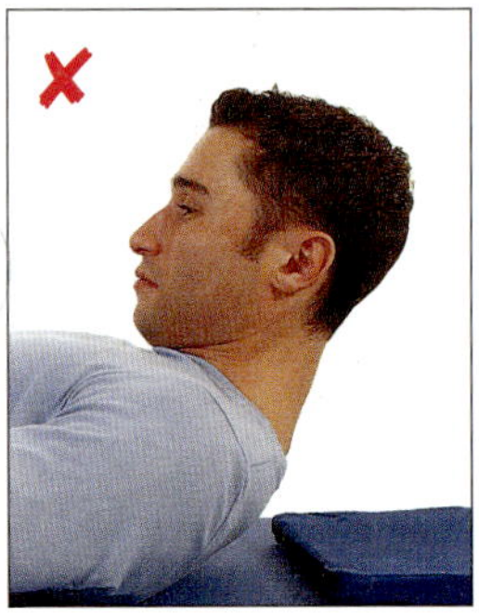
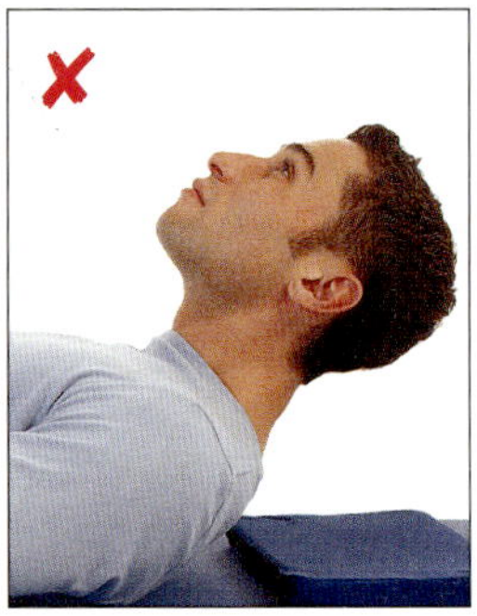

Posición de la cabeza

Encoger sus vértebras cervicales puede producirle tensión de hombros y cuello, dolor y una postura inadecuada. Cuando **esté sentado o de pie,** trate de estirar la cabeza para prolongar la parte posterior del cuello. *Imagínese que tiene una cuerda atada a la cabeza y que le está tirando suavemente hacia el techo.*

Cuando **esté echado** sobre la espalda, utilice un cojín para apoyar la cabeza y trate de alargar suavemente la parte posterior del cuello. Incline ligeramente la barbilla hacia el pecho, pero deje un espacio del tamaño de un melocotón entre la barbilla y el pecho.

Si tiene la cabeza y los hombros **alzados** de la colchoneta, trate de alargar la parte posterior de su cuello hacia la cabeza. La cabeza deberá encontrarse sobre el esternón con un espacio del tamaño de un melocotón entre la barbilla y el pecho. Como serán sus músculos abdominales y los dorsales los que soporten el peso del cuerpo, no tiene por qué tensar la musculatura del cuello.

Caja torácica

Hacer sobresalir las costillas cuando eleve los brazos le obligará a arquear la parte inferior de la espalda y tensionará el cuello y los hombros. Si advierte que sus costillas sobresalen, corrija suavemente esa posición haciendo que la caja torácica descienda hacia las caderas. Esto alargará su columna e impedirá el arqueo indebido de la espalda.

Giro de piernas hacia fuera

En algunos momentos se le pedirá que gire las piernas hacia fuera. Para adoptar esa posición será necesario que haga rotar los muslos hacia fuera desde la articulación de la cadera, de modo que los talones estén unidos; muy suavemente junte la parte inferior de las nalgas como si tuviera que sostener entre ellas una moneda. Si hace esto de forma correcta, notará que ha movilizado los músculos de la parte superior de los muslos. Si se encuentra echado, procure no elevar el cóccix mientras procura extender las piernas, manteniendo estirados los músculos de las piernas. El trabajar esta posición de giro asegura el funcionamiento correcto de los músculos para tonificar las caderas, las nalgas y los muslos, estabilizando la parte baja del cuerpo.

Trabajar en oposición

Los músculos tienden a trabajar por pares o en grupos. Por ejemplo, si eleva un brazo y lo dobla por el codo, su bíceps de la parte delantera del antebrazo se activa para lograr el movimiento de doblado. Sin embargo, para que se produzca el movimiento es necesario que se alargue el músculo de la parte posterior del antebrazo (el tríceps) y se pueda doblar el bíceps.

También se ponen en funcionamiento otros músculos del cuerpo cuando usted dobla el brazo, evitando que todo el cuerpo se doble con ese movimiento. Estos músculos reciben el nombre de estabilizadores. Si un músculo trata de extender su cuerpo, es necesario que al menos otro actúe para equilibrar ese movimiento y evitar que el cuerpo se ladee. A medida que vaya practicando Pilates necesitará entrenarse para hacer debidamente estos movimientos antagónicos.

Alineación corporal

Cuando realice sus ejercicios, es necesario que los haga de forma simétrica, de modo que su cuerpo también se vaya desarrollando de esa misma manera. Imagínese un cuadrado en el centro del cuerpo cuyos lados vayan de hombro a hombro, de hombro a cadera y de cadera a cadera. Procure mantener en mente la forma de este cuadrado, o «caja» como se lo denomina a veces, mientras realiza sus ejercicios.

Por lo general, las personas tienden a favorecer un lado del cuerpo más que al otro; por consiguiente, si tiene eso presente, mantendrá la correcta alineación corporal, sin inclinarse demasiado hacia un lado, o torcerse exageradamente hacia el otro, mientras realiza sus ejercicios.

Preparación semanal

No quiera avanzar demasiado deprisa en su programa Pilates. La mejor manera de empezar es estableciendo una buena base. Lea unas cuantas veces la Introducción y practique los movimientos básicos (véase página opuesta). No se preocupe si de momento no logra hacerlo todo bien. Cuando empiece a practicar Pilates, todo irá poniéndose en su lugar.

Sería aconsejable que una semana antes de empezar a practicar Pilates procurase familiarizarse con la respiración lateral (véase pág. 22) y tratase de estirar su musculatura abdominal (véase pág. 23). Intente hacer diez ciclos de respiraciones completas (inspiración y espiración constituyen un ciclo completo) tres veces diarias. El realizar este tipo de respiración durante una semana antes de empezar su programa de ejercicios fortalecerá esos músculos abdominales que son tan importantes para su postura. Si logra hacer esto antes de empezar, comprobará que progresa de forma más rápida.

Elementos necesarios

El espacio

Escoja un lugar cálido y silencioso en donde le apetezca estar y en el que pueda practicar tres veces a la semana. Si puede tener la colchoneta dispuesta, de forma que le resulte más fácil estar listo para empezar los ejercicios, tanto mejor. Si lo desea, puede poner velas y flores en esa habitación y escuchar algún tipo de música relajante. Convierta ese espacio en una especie de santurario para usted, de modo que le apetezca ir a él y practicar allí sus ejercicios. Y si no puede ser así, y tiene que limitarse a disponer de un espacio reducido en el salón de su casa, pues adelante. Haga ese lugar lo más cómodo posible, y empiece con sus ejercicios.

La colchoneta

Utilice una colchoneta para proteger su columna. La ideal es la colchoneta Pilates, pero también puede emplear la colchoneta de yoga, que es un un poco más delgada. La podrá adquirir en cualquier tienda dedicada a deportes. Si no le es posible conseguirla, utilice mantas o toallas que proporcionen una superficie blanda en la que pueda echarse todo a lo largo. No es conveniente que esa superficie sea demasiado blanda, porque podría impedir el debido equilibrio del cuerpo y hacer más dificultoso el control de los movimientos.

Cabezal

Es útil el empleo de un cabezal en todos los ejercicios que se realizan echado en el suelo. Este elemento soportará el peso de la cabeza y permitirá el alargamiento del cuello, el relajamiento de los hombros y facilitará la respiración. Puede emplear un libro que tenga un grosor de dos o tres centímetros y una longitud suficiente para que la cabeza no se salga de él; también puede utilizar una pieza de goma espuma de las mismas dimensiones. Cuando tenga más experiencia, quizá no necesite este tipo de cabezal, pero le resultará muy útil durante estas 30 primeras lecciones de Pilates.

Frecuencia

Haga sus ejercicios tres veces a la semana, tratando de dejar un día entre sesión y sesión para que el cuerpo pueda descansar. Procure establecer una pauta regular ordenando los días de práctica lunes-miércoles-viernes, o bien, martes-jueves-sábados, siempre que eso le sea posible. Cuanto más trate de hacer una práctica habitual de sus ejercicios, tanto más fácilmente los convertirá en parte de su vida diaria. Si no puede realizar sus ejercicios un día, trate de recuperarlo en el transcurso de la semana, aunque se vea obligado a hacerlos en dos días consecutivos; procure realizar tres sesiones de ejercicios a la semana.

Mantener el interés

Si el día fijado para hacer los ejercicios se encuentra que no tiene ganas de practicarlos, haga un trato consigo mismo: túmbese sobre la colchoneta y procure hacer solamente un ejercicio. Si después de realizarlo sigue sin deseos de continuar, no se preocupe; déjelo por ese día. No olvide que lo ideal es que al hacer el primer ejercicio se ha de encontrar tan a gusto que, sin apenas darse cuenta, desee continuar con los siguientes.

Movimientos básicos antes de empezar

Advertencia

- Después de la comida deje transcurrir al menos una hora antes de empezar los ejercicios de su programa Pilates.

- **Encuentra la posición de columna neutra (véase pág. 24).**

- **Encuentre su base pelviana (véase pág. 21).**

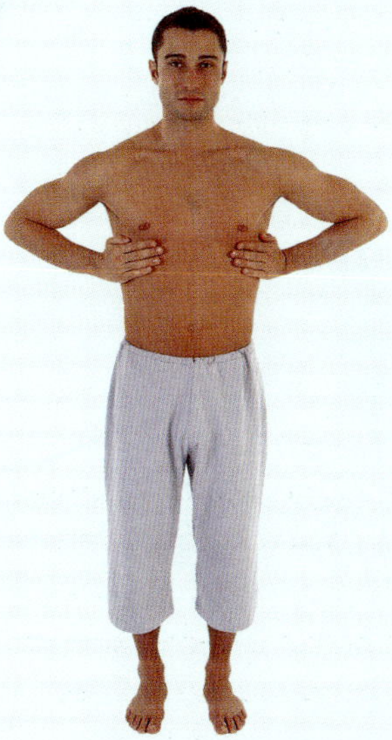

- **Practique la respiración lateral (véase pág. 22).**

- **Practique el estiramiento de sus abdominales (véase pág. 23).**

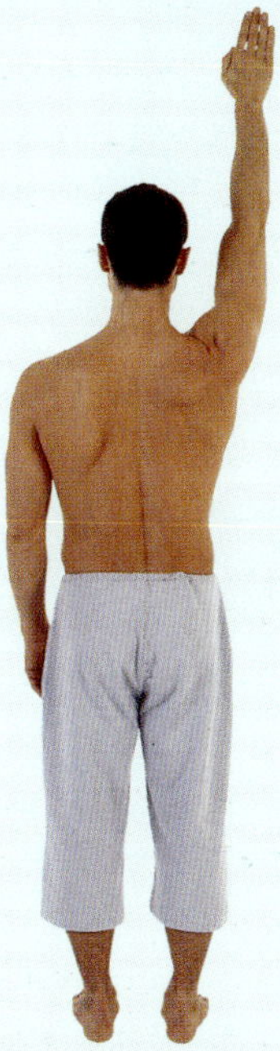

- **Compruebe su estabilización de hombros (véase pág. 20).**

- **Practique su postura de pie (véase pág. 15).**

- **Aprenda a alargar la parte posterior del cuello (véase pág. 26).**

Seguimiento del programa

Un programa completo de ejercicios comprende las treinta primeras lecciones de Pilates y algo más. Se ha de empezar por el Nivel 1 y proseguir con los restantes niveles, haciendo siempre los ejercicios en el orden establecido. Los ejercicios van desde los de iniciación hasta los intermedios, y pueden ajustarse a las necesidades personales.

Realización de los ejercicios

Cada cuerpo es diferente de los demás, y por ello es posible que encuentre ejercicios que le resulten más difíciles de realizar, debido a la estrucura particular de su cuerpo. Eso es normal. No existe aquí ningún tipo de competición ni hay prisa alguna. Vaya a su propio ritmo, progresando de acuerdo con las instrucciones recibidas cuando se encuentre seguro de que su cuerpo está dipuesto a avanzar. Cuando realice un ejercicio por primera vez, repítalo el número menor de veces que le hayan sido marcadas. Solamente cuando esté seguro de que ya lo domina podrá hacer el número máximo de las repeticiones. Nunca haga más de lo que se le haya sugerido. Sería algo parecido a duplicar la toma de los medicamentos que le haya establecido el médico para conseguir una cura más rápida. Eso jamás le proporcionaría mejores resultados.

Transiciones

Al final de cada ejercicio se le ofrecen una serie de instrucciones para que pueda pasar de un ejercicio a otro de modo más fácil. A medida que vaya practicando más, trate de incluir estos movimientos en su rutina habitual. Una vez que haya adquirido la debida práctica, le parecerá que pasa de un ejercicio a otro sin solución de continuidad. Todo ello irá fluyendo con una cierta sensación de calidad meditativa.

Modificaciones

Se le ofrecen para permitirle que, a veces, puede disminuir o, en ocasiones, aumentar la intensidad del movimiento, de acuerdo con sus necesidades. Lea siempre las Modificaciones para ver si se ajustan a sus propias características antes de realizar el ejercicio de forma convencional.

Porporcione a su cuerpo solamente el nivel de ejercicio que necesita. Para conseguir buenos resultados, ha de ser capaz de realizarlos de forma correcta teniendo en cuenta cada pequeño detalle, y comprobando que hay un reto en cada ejercicio, pero sin necesidad de que exista en ello tensión ni estrés. El reto puede venir de cualquier aspecto del ejercicio: la fortaleza muscular requerida para realizarlo, su propia flexibilidad, su alineación, su estabilidad o su propia resistencia.

Lesiones

Se incluyen los **cajetines de advertencia** para todas aquellas personas que puedan tener lesiones. Los ejercicios son adecuados para adultos de todas las edades que disfruten de buen estado de salud y no padezcan lesiones ni tengan problemas físicos. Los **cajetines de advertencia** constituyen simplemente una guía básica y no pueden cubrir todas las posibles eventualidades. Si usted padece alguna lesión, tiene un determinado problema físico o alberga alguna duda acerca de si un determinado ejercicio es apropiado para usted, deberá consultar con un médico o con un monitor cualificado.

Pilates puede ser un método muy conveniente para todo tipo de rehabilitaciones, y para ciertos tipos de padecimientos físicos, pero solamente bajo la supervisión de un médico o de un instructor cualificado. Vea primero al profesional y pida después ayuda para saber qué ejercicios de este libro son los más convenientes, o inconvenientes, para usted.

Si comprueba que un determinado ejercicio le crea mucha tensión física, déjelo; vuelva a leer las Instrucciones y compruebe si está realizándolo correctamente. Pruebe a hacerlo de nuevo y, si sigue experimentando molestias, y no le son de ayuda las modificaciones sugeridas, deje de hacerlo y páselo por alto. A medida que vayan aumentando su fuerza y su flexibilidad, pruebe a hacerlo de nuevo. Recuerde que ciertos ejercicios pueden no ser convenientes para su cuerpo. Aprenda a escucharlo y haga solamente aquello que le resulte apropiado.

Escuche a su cuerpo

Pilates nunca debe ser doloroso. Un ejercicio puede resultar duro de realizar, pero nunca debe doler y, de ningún modo, debe sentirse usted exageradamente tenso al hacerlo.

Espalda

Si no tiene lesión ni alteración alguna en la espalda, pero siente una molestia difusa en las lumbares mientras realiza cualquier ejercicio, puede deberse a que no está tirando adecuadamente de sus músculos abdominales para proteger la columna. También puede suceder que su musculatura abdominal no sea todavía lo suficientemente fuerte para realizar el movimiento. Trate de hacer la versión modificada del ejercicio o reduzca el número de las repeticiones hasta que su musculatura abdominal adquiera la debida fuerza. Si fuera necesario, pase por alto ese ejercicio, de momento, para que no tenga que trabajar con tensión. Los ejercicios que se hacen cuando está echado sobre la espalda y en los que, por tanto, se apoya sobre el suelo, son los que se consideran, generalmente, más seguros para la espalda.

Los ejercicios que generalmente se consideran como un mayor reto para las espaldas lesionadas son aquellos que requieren movimientos de giro, arqueo o doblamiento.

Cuello

Si tiene un cuello débil, ha de proceder con cuidado. Recuerde que para elevarse ha de utilizar su musculatura abdominal en cualquier movimiento, y nunca hacerlo elevando el cuello. Si le duele el cuello cuando eleva la cabeza estando echado, deje simplemente que su cabeza descanse sobre el cabezal durante un rato, entre ejercicio y ejercicio. O realícelo con la cabeza apoyada en el cabezal. Si le resulta más cómodo, haga los ejercicios con un cojín o una toalla debajo de la cabeza para proporcionarle apoyo, hasta que usted adquiera más fuerza.

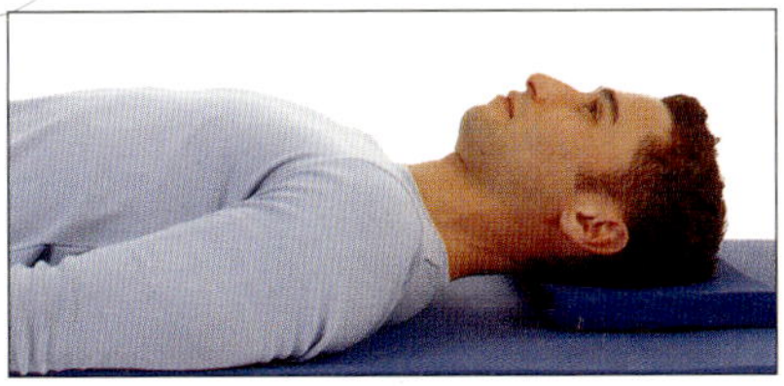

Hombros, codos y muñecas

Si tiene débiles las rodillas o los tobillos, deberá tener mucho cuidado con aquellos ejercicios en los que recae el peso sobre los miembros inferiores, como los que se realizan en posición arrodillada. También deberá evitar la extensión exagerada de las rodillas o el doblarlas de forma muy intensa, porque eso puede agravar su estado. Los dolores de rodilla suelen estar producidos por una posición inadecuada de piernas y pies, por lo que deberá prestar atención a su alineación corporal. Procure mantener una «rodilla blanda» doblándola muy suavemente, de modo que no se quede bloqueada cuando realiza sus movimientos.

Caderas

Si advierte un ligero dolor en la cadera cuando mueve una o ambas piernas en el aire, y no padece ninguna lesión, trate de doblar ligeramente las rodillas.

Autoexamen

Mientras realiza sus ejercicios debe prestar atención a cada movimiento. En Pilates, es la atención a cada detalle lo que cambiará definitivamente su cuerpo.

Giro pélvico del principiante

Antes de empezar su programa Pilates, haga muy lentamente este ejercicio y observe la reacción de su cuerpo (véase dibujo).

Si el ejercicio le resulta muy duro, o siente tensión en la espalda, hombros, pecho o cuello, no se eleve tanto del suelo. Elévese solamente la mitad hasta que adquiera mayor fuerza y flexibilidad.

1 Tiéndase sobre la espalda con las rodillas dobladas en ángulo de 90 grados, con los pies paralelos y alineados con las caderas. Los brazos estarán rectos a los costados con las palmas hacia abajo. Coloque la cabeza sobre el cabezal y baje ligeramente la barbilla para asegurarse de que la parte posterior de su cuello se ha alargado convenientemente (véase pág. 26). Respire lateralmente (véase pág. 22), **inspirando** lenta y suavemente por la nariz.

2 **Espire,** activando su base pelviana y estirando sus abdominales (véase pág. 23) a medida que va separando la columna de la colchoneta, vértebra a vértebra (véase pág. 25) de modo que sus caderas se vayan elevando hacia el techo. Presione sobre los pies a medida que se eleva, alejándolos todo lo más que pueda del tronco pero sin sentirse incómodo, manteniendo siempre activados los músculos abdominales.

Advertencia

- Si padece alguna lesión de espalda o problemas discales, realice estos ejercicios solo bajo supervisión.

Puntos de observación

- ✗ **No deje que las rodillas se caigan hacia los lados.**
- ✗ **No tense el cuello, los hombros o el pecho. Mantenga alargada la parte posterior del cuello.**

3 **Inspire**, manteniendo el cuerpo totalmente quieto.

4 **Espire,** activando la base pelviana y estirando sus abdominales mientras los utiliza para ir bajando la columna, vértebra a vértebra.

Imagínese que su columna se está fundiendo con la colchoneta mientras baja el cuerpo.

¿Cómo se siente?

¿Encontró muy difícil el ejercicio? ¿Requirió toda su atención? Si lo realizó correctamente, la respuesta a ambas preguntas deberá ser *sí*. Trate de hacerlo de nuevo, pero esta vez de forma todavía más lenta y precisa. ¿Cómo lo vivió ahora? ¿Le pareció muy difícil? ¿Estaba la dificultad en el movimiento? ¿En la respiración? ¿O en el hecho de que hubiera que prestarle atención a tantos detalles?

✓ **Procure ir aislando más las vértebras a medida que repite el ejercicio.**

✓ **Relaje las nalgas y procure no arquear la zona lumbar.**

✓ **Mantenga el cóccix pegado a la colchoneta; procure no bajar la cintura antes de empezar a movilizar las vértebras lumbares.**

Observación corporal

Repita el ejercicio tres veces. Mientras lo realiza, pregúntese:

- ¿Se encuentran mis pies alineados con las caderas?
- ¿Estoy activando mi base pelviana sin comprimir las nalgas?
- ¿Estoy estirando mi musculatura abdominal mientras me elevo y desciendo?
- ¿Estoy respirando correctamente?
- ¿Se encuentran estabilizados mis hombros?
- ¿Puedo sentir cómo se va articulando mi columna, vértebra a vértebra?
- ¿Estoy incluyendo todos los detalles del ejercicio?

Cuando realice las prácticas procure, inicialmente, realizar el movimiento de forma segura y correcta, observándose mientras lo ejecuta. A medida que su práctica vaya aumentando, tenga en mente los Puntos de Observación para mejorar el estilo. Estudie las reproducciones de las posturas equivocadas a fin de no adquirir malos hábitos. A medida que su técnica progrese todavía más, tenga presentes siempre los seis Principios Pilates (véanse págs. 12-13) y procure incluirlos en sus movimientos.

No pretenda hacerlo todo bien desde el principio, pero siga realizando estas observaciones corporales en cada ejercicio y pronto descubrirá que está haciendo correctamente el Pilates. Aprenda a observar cada detalle para que pueda después mejorarlos.

1

2

3

Sienta la diferencia

Beneficios obtenidos después de 10 lecciones

Practique Pilates durante diez lecciones y con seguridad que sentirá la diferencia:

- Probablemente se sentirá mejor consigo mismo de lo que se ha sentido en mucho tiempo.
- Mejorará su postura, se sentirá más alto y sus músculos abdominales le sostendrán mejor.
- Respirará mejor, lo que mejorará su circulación, su metabolismo y el tono de su piel.
- Descubrirá cuáles son las partes más débiles de su cuerpo, y cuáles necesitan hacerse más flexibles. Pronto se dará cuenta de qué partes de su físico necesitan ser más trabajadas.
- Encontrará su centro, su estabilidad central. Su musculatura abdominal empezará a afirmarse, aunque usted no lo pueda apreciar de momento; y la musculatura de su base pelviana se fortalecerá. Empezará a iniciar sus movimientos desde su «central eléctrica».
- También aprenderá a estabilizar sus hombros, y a alargar la parte posterior del cuello, de modo que la tensión acumulada durante años en el cuello y en los hombros empezará a desaparecer, y los movimientos de brazos y hombros adquirirán más soltura.
- A medida que lubrique debidamente sus articulaciones y estire su musculatura empezará a sentirse menos rígido. El estrés daña frecuentemente su flexibilidad, porque, cuando usted se siente estresado, sus músculos se tensan en torno a las articulaciones. Esto puede producir dolores de espalda, tensión de cuello y de hombros, dolores de cabeza, etc. Una de las cosas que aprenderá durante sus diez primeras clases será alargar la musculatura de las articulaciones. Después de cada sesión Pilates, advertirá que sus niveles de tensión han disminuido y se sentirá más relajado y vigorizado.
- La combinación de una mayor flexibilidad y una estabilidad central significa que se moverá con mayor soltura. Sus movimientos se harán más fluidos. Disfrute de esta nueva calidad del movimiento. Siéntase bien con ello. Todo esto le proporcionará un mayor grado de calidad a su vida, lo cual le hará sentirse bien consigo mismo.

Nivel 1 del programa

Ahora usted deberá estar ya familiarizado con el contenido de la Introducción y sentirse animado para iniciar sus ejercicios Pilates. Empecemos por el Nivel 1.

Practique la secuencia de ejercicios pertenecientes al Nivel 1 tres veces por semana, haciéndolos preferiblemente con un día de descanso entre cada sesión. Lea bien las instrucciones antes de empezar cualquier movimiento, incluyendo las modificaciones sugeridas en caso de que le sean necesarias. Ha de asegurarse de que le concede a cada ejercicio una atención plena. Comprobará que la realización de los ejercicios significa un reto para usted, pero que nunca debe llegar hasta el punto de que le causen daño. En caso de duda, escoja siempre la versión más fácil. Aténgase al orden de ejercicios establecido en el **Plan secuencial de ejercicios** (véanse págs. 38-39) y solamente deje de hacer alguno de ellos si padece una lesión o su condición física le impide realizar el movimiento. Tenga presente siempre el cajetín de advertencias en el caso de que tenga cualquier clase de lesión; si así fuera, realice el movimiento solo bajo supervisión.

Establecer las bases

El Nivel 1 es, con seguridad, el paso más importante del aprendizaje de Pilates. Aquí se encuentra la base sobre la que logrará adquirir un cuerpo fuerte y flexible. El Nivel 1 puede parecer fácil, pero tómese su tiempo para hacerlo. No pase por él sin prestarle atención. Estos ejercicios constituyen su introducción al Pilates y son probablemente la parte más crucial de todo el programa. Este es el momento de empezar a poner en práctica la teoría Pilates. Su meta es empezar a darse cuenta de su cuerpo, a encontrar los músculos que son necesarios para lograr su estabilidad central y la de los hombros; a practicar la respiración lateral, y a empezar a fortalecer el cuerpo, en especial la musculatura abdominal, preparándose para los futuros ejercicios que serán más difíciles.

Tenga presente el hecho de concentrarse en las sensaciones que experimenta su cuerpo, a medida que va aprendiendo nuevos movimientos y descubriendo nuevos músculos. Al hacer los ejercicios del Nivel 1 se dará cuenta de que son mucho más difíciles de lo que en un principio le parecieron. Tómese su tiempo para establecer bien esta base y recogerá los beneficios de ello más adelante. Los ejercicios del Nivel 1 lo pondrán en contacto con distintos grupos de músculos. Si los hace correctamente, será capaz de aislarlos, mientras mantiene el resto de la musculatura relajada y tranquila. Al principio quizá sienta que no está controlando su cuerpo. Por ejemplo, en lugar de elevar el pecho con una posición neutra de la columna, de golpe se da cuenta de que ha abandonado esa posición neutra, de que sus hombros se están elevando hacia las orejas y de que está alzando indebidamente las caderas. Sea paciente y preciso. Pronto reemplazará estos viejos hábitos posturales por otros nuevos y saludables. Encontrará que enseñarle al cuerpo nuevas tretas resulta muy divertido.

Cuándo se ha de pasar al Nivel 2

Pase al Nivel 2 cuando se sienta preparado para hacerlo. Si usted se encuentra dispuesto, haga al menos tres veces los ejercicios del Nivel 1 para asegurarse de que ha incorporado plenamente todos los conceptos Pilates mencionados en la Introducción. Si no los ha practicado últimamente y sus músculos están débiles o los siente muy rígidos, deberá quedarse en el Nivel 1 durante diez o veinte sesiones más; después decida por usted mismo. Cuanto mejor realice los ejercicios, más beneficios obtendrá posteriormente.

Continúe observándose mientras realiza los ejercicios (vea Observación corporal, págs. 32-33), y cuando se sienta dispuesto y capaz, pase al Nivel 2. Los ejercicios de este nivel incluyen muchos de los introductorios que ya aprendió en el Nivel 1, pero existen aquí algunos otros adicionales, todos los cuales constituirán un mayor reto para usted.

Nivel 1: Plan secuencial de ejercicios

Este Plan Secuencial de Ejercicios le servirá como ayuda visual mientras realiza el programa. Si los ejecuta en el orden establecido, sus movimientos fluirán suavemente de uno a otro. Coloque este libro de forma que pueda ver fácilmente el plan secuencial desde su colchoneta. Cuando adquiera mayor práctica, solamente tendrá que ver el plan para confirmar que los ejercicios se han completado.

1

Inclinación pélvica pág. 40

2

Pequeña rotación de cadera pág. 42

3

Rotación de cadera pág. 44

7

División de brazos pág. 52

8

Doble elevación de piernas pág. 54

9

Elevación exterior de muslo pág. 56

4

Elevación de pecho pág. 46

5

Alargamientos oblicuos pág. 48

6

Apertura de pecho pág. 50

10

Elevación interior de muslo pág. 58

11

Elevación de corvas pág. 60

12

Flecha (+ posición de descanso) pág. 62

Alargamientos

Alargamiento de corva pág. 64

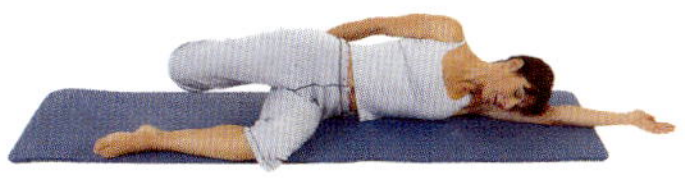

Alargamiento de cuádriceps pág. 65

Alargamiento de nalga pág. 66

Inclinación pélvica

Beneficios corporales

- Fortalece los músculos abdominales.
- Aumenta la flexibilidad de la columna.
- Moviliza los hombros.
- Reduce los dolores y la rigidez de espalda.

Repeticiones: 6-10.

3 **Inspire,** manteniendo el cuerpo totalmente quieto; eleve los brazos hacia el techo y después sobre su cabeza hasta que se encuentren alineados con las orejas.

2 **Espire,** estirando sus abdominales mientras va despegando la columna de la colchoneta, vértebra a vértebra, de modo que las caderas se eleven hacia el techo. Presione sobre las plantas de los pies a medida que va elevándose, llevando el cuerpo todo lo alto que pueda, sin esforzarse, y manteniendo activos los abdominales.

1 Tiéndase sobre la espalda con las rodillas dobladas en ángulo de 90 grados; mantenga los pies paralelos y alineados con las caderas. Los brazos deben estar a los costados con las palmas hacia abajo. Incline suavemente hacia abajo la barbilla para asegurarse de que está alargando la parte posterior del cuello. **Inspire.**

Puntos de observación

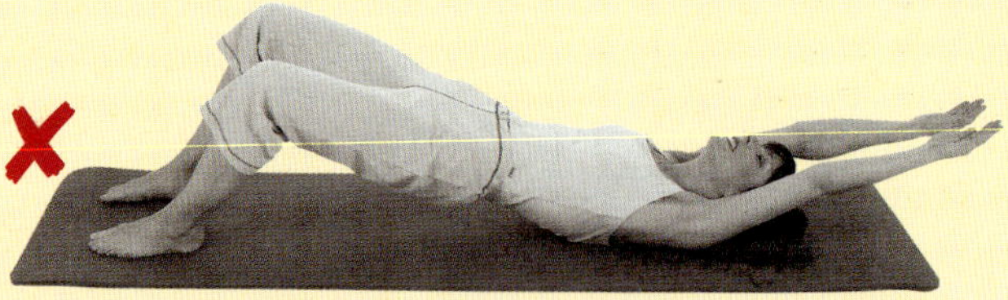

✗ **No deje que sus rodillas se caigan hacia los lados.**

✗ **No tense el cuello, los hombros o el pecho. Estire la parte posterior del cuello.**

Advertencia

- Si tiene alguna lesión de espalda o padece de problemas discales, haga este ejercicio solamente bajo supervisión.

4 **Espire,** estirando los abdominales mientras los emplea para ir bajando la columna, vértebra a vértebra, dejando los brazos detrás de usted. *Imagínese que su columna se va ablandando y fundiendo con la colchoneta, mientras la hace descender.*

5 **Inspire,** bajando los brazos hacia los costados. Repita los pasos 2-5 según el número de repeticiones establecidas

Transición: Junte pies y rodillas para el ejercicio de Pequeña Rotación de Cadera (véase pág. 42); o eleve las rodillas, una a una, trayéndolas hacia el pecho para realizar el ejercicio de Lado a Lado (véase pág. 74).

Modificaciones

Si el ejercicio resulta difícil o siente tensión en la espalda, hombros, pecho o cuello, suba a medio camino hasta que sea más fuerte y flexible.

Si tiene problemas en los hombros, puede resultar más cómodo levantar los brazos hacia el techo, más que sobre la cabeza o simplemente mantenerlos en el suelo. Mantenga los omóplatos abajo y atrás en cualquier caso.

- ✓ **Procure ir separando las vértebras cada vez que repite el ejercicio.**
- ✓ **Hunda su cóccix lo más posible en la colchoneta, cuidando de no bajar la cintura antes de movilizar sus vértebras lumbares.**
- ✓ **Relaje las nalgas y cuide de no arquear la zona lumbar.**

Pequeña rotación de cadera

Beneficios corporales

- Fortalece y alarga los músculos abdominales.
- Elimina la tensión acumulada en la espalda y el cuello.
- Una vez que espalda y cuello se encuentren relajados, la postura se mejora inmediatamente.

Repeticiones: 10 de cada lado, alternando los lados.

1 Tiéndase sobre la espalda con las rodillas dobladas en ángulo de 90 grados y con los pies juntos. Coloque las manos sobre las caderas. Trate de alargar la espalda y el cuello.

2 **Inspire,** rotando las rodillas hacia un lado mientras presiona suavemente con la mano opuesta sobre la cadera, para mantener caderas y nalgas bien pegadas al suelo. No le será posible rotar mucho.

Puntos de observación

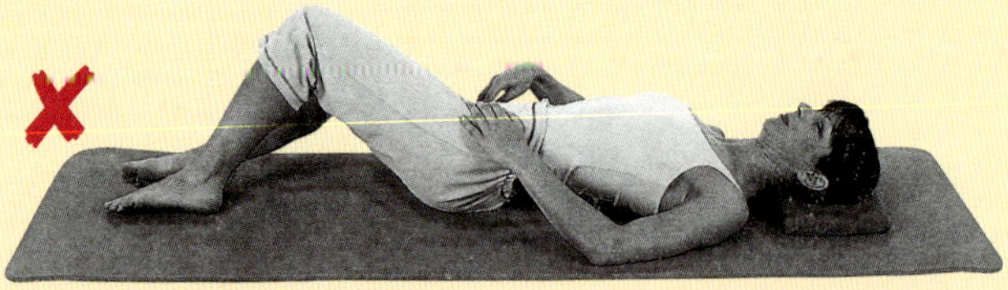

- ✗ **No deje que las rodillas se caigan hacia los lados.**
- ✗ **No retuerza el cuerpo.**

3 **Espire,** estirando los abdominales para hacer regresar las rodillas al centro. *Imagínese que sus muslos están hechos de plomo, de modo que tiene que utilizar la musculatura abdominal para traer de nuevo las rodillas a la posición central.*

4 **Inspire,** y lleve las rodillas hacia el otro lado, mientras presiona suavemente la cadera con la otra mano.

5 **Espire,** tirando de sus abdominales nuevamente para llevar las rodillas hasta el centro.

Transición: Separe un poco más los pies de su posición normal de alineación con las caderas, para realizar el ejercicio de Rotación de Cadera (véase pág. 44).

Advertencia

- Aunque este ejercicio es bueno para la mayoría de las lesiones de espalda, siempre es conveniente que consulte con su médico, si tiene algún problema en la espalda.

Modificaciones

Si la espalda está muy tensa, no suba mucho la rodilla. Haga al principio movimientos pequeños.

- ✓ **Procure no llevar sus rodillas muy lejos o, de lo contrario, se le levantará la espalda, las caderas y la cintura.**
- ✓ **Mantenga muy juntas las rodillas durante todo el ejercicio.**
- ✓ **Rote hacia los lados pero sin retorcerse.**

Rotación de cadera

Beneficios corporales

- Fortalece la musculatura abdominal.
- Estira los flexores de la cadera y las lumbares.
- Libera de tensión la parte superior de la columna.
- Es muy beneficioso para personas que tengan rigidez en los hombros, la espalda o el cuello.
- Una vez que se libera de tensión, la parte superior del cuerpo se mejora la respiración.

Repeticiones: 10 de cada lado, alternando los lados.

Modificaciones

Si siente tensión en su zona lumbar, no lleve las rodillas demasiado lejos. Si aun así se siente incómodo, limítese a hacer el ejercicio de Pequeña Rotación de Cadera (véase pág. 42) hasta que adquiera mayor fuerza y flexibilidad. Si le resulta incómodo colocar las manos debajo de la cabeza, deje los brazos a lo largo de los costados con las palmas de las manos hacia abajo.

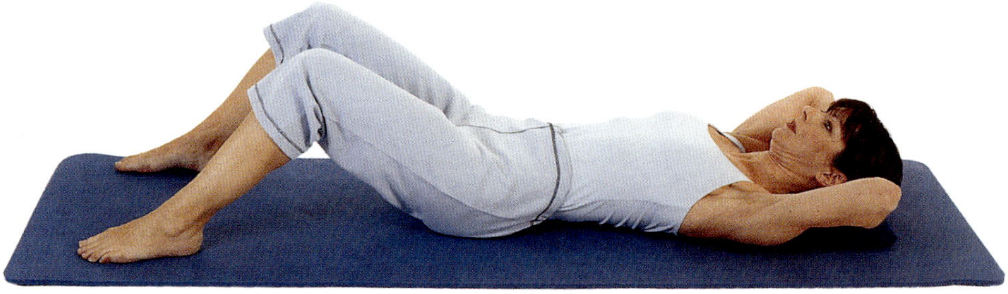

Tiéndase sobre la espalda con las rodillas dobladas en ángulo de 90 grados y con los pies un poco más separados de la postura normal de su alineación con las caderas. Su cuello debe estar alargado y la columna relajada. Doble los brazos y coloque las manos debajo de la cabeza, con los hombros abiertos. **Inspire.**

Puntos de observación

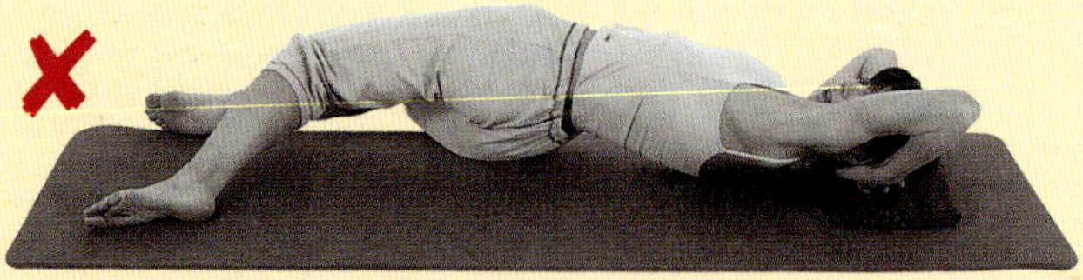

✗ **No rote demasiado la cadera para que los omóplatos no se levanten de la colchoneta.**

1 2 3

Advertencia

- Omita este ejercicio si tiene alguna lesión de cuello o de espalda.

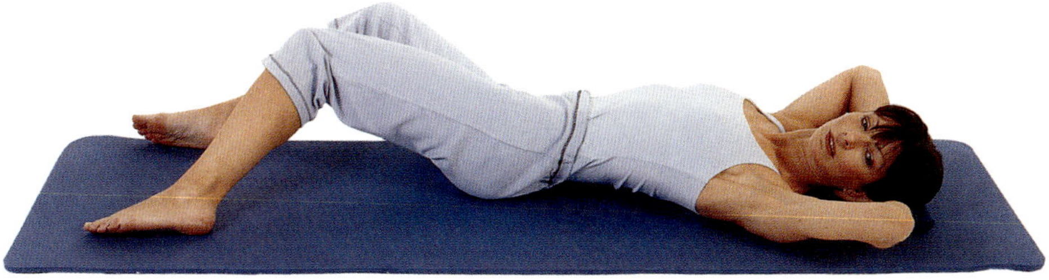

2 Espire, tirando de los abdominales, a medida que va rotando las rodillas hacia el suelo. Las plantas de los pies se separarán de la colchoneta. Mientras rota, gire su cabeza hacia el lado contrario de sus rodillas, de forma que sienta tirante todo el cuerpo. **Inspire** y quédese en esa posición.

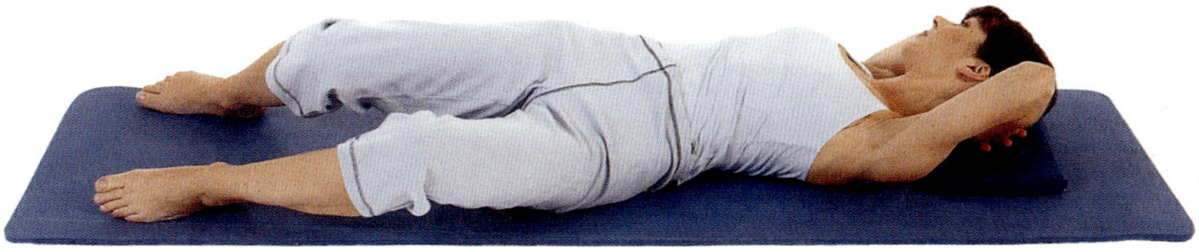

3 **Espire,** tirando de los abdominales para llevar las rodillas hacia el otro extremo. Gire la cabeza en dirección opuesta. Imagínese que su musculatura abdominal se va hundiendo por su columna en el suelo. **Inspire** y quédese en esa posición. Suavemente, vaya alternando las rotaciones hacia uno y otro lado.

Transición: Regrese a la posición del Paso 1 y ponga los pies alineados con las caderas para el ejercicio de Elevación del Pecho.

- ✓ **Asegúrese de que los omóplatos están pegados a la colchoneta durante todo el ejercicio.**
- ✓ **Muévase solamente mientras espira. Manténgase quieto mientras inspira.**
- ✓ **Procure mantener relajada la parte delantera de los muslos mientras se mueve, y utilice el ahuecamiento de los abdominales para iniciar el giro de las rodillas de un lado a otro.**

Elevación de pecho

Beneficios corporales

- Fortalece la musculatura abdominal para conseguir un estómago más firme y liso.
- Logra la estabilización de los hombros y la posición de la columna neutra.

Repeticiones: 6-10.

Modificaciones

Si advierte que su musculatura adbominal empieza a temblar o a sobresalir mientras hace el movimiento de elevación, no se levante demasiado, de momento.

Tiéndase sobre la espalda con las rodillas dobladas y alineadas con las caderas. Doble los brazos para colocar las manos entrelazadas detrás de la cabeza, manteniendo los codos abiertos hacia los lados. Compruebe que la columna se encuentra en una posición neutra. **Inspire.**

Puntos de observación

- ✗ **No deje que se alcen los omóplatos.**
- ✗ **No abandone la posición de columna neutra.**

1 2 3

Advertencia

- Si padece de lesiones en la espalda o en el cuello, realice este ejercicio solamente bajo supervisión.

2 **Espire,** estirando los abdominales para levantar de la colchoneta cabeza y hombros. Mientras se alza, procure mantener los omóplatos bajos para impedir que los hombros suban hacia las orejas. Mantenga la barbilla ligeramente inclinada hacia el pecho, pero dejando un pequeño espacio entre ambos. *Imagínese que está sosteniendo suavemente un melocotón bajo la barbilla.* **Inspire** y permanezca totalmente quieto en esa posición elevada.

3 **Espire,** tirando de los abdominales para bajar cabeza y hombros hacia la colchoneta.

Transición: Deje un brazo detrás de la cabeza y cruce el otro sobre la cadera opuesta para hacer el ejercicio de los Alargamientos Oblicuos (véase pág. 48), o bien coloque los brazos a los costados y levante las rodillas hacia el pecho, una después de otra, para prepararse para el ejercicio Los Cien (véase pág. 106).

✓ **Vigile que los omóplatos se mantienen bajos durante todo el ejercicio, a fin de lograr una buena estabilización de los hombros.**

✓ **Asegúrese de que la musculatura abdominal está funcionando correctamente sin sobresalir, mientras se está elevando. No deberá haber tensión en la espalda.**

✓ **Soporte el peso de la cabeza con las manos, de modo que no se produzca tensión en el cuello.**

Alargamientos oblicuos

Beneficios corporales

- Fortalece la musculatura abdominal (en particular, los músculos oblicuos internos y externos, de ahí su nombre).
- Reduce la cintura.

Repeticiones: 6-10 de cada lado.

Modificaciones

Si no puede mantener la columna en posición neutra y advierte que está hundiendo y presionando sus lumbares en la colchoneta, no trate de levantarse demasiado.

Tiéndase sobre la espalda con las rodillas dobladas y los pies alineados con las caderas. Doble un brazo para colocar la mano detrás de la cabeza. La otra mano deberá descansar sobre el hueso de la cadera opuesta. **Inspire**.

Puntos de observación

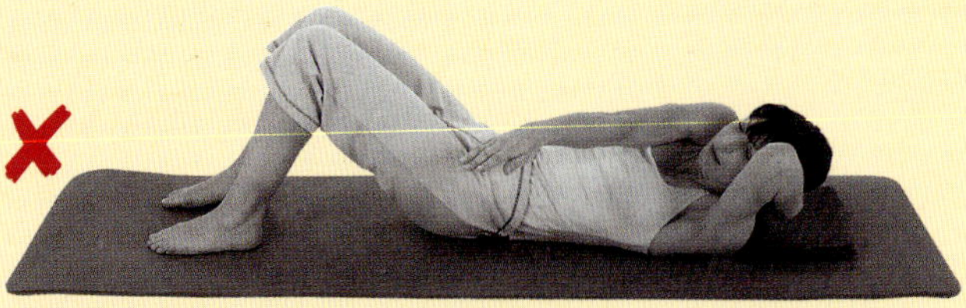

- ✗ **No deje que su cóxis se levante del suelo, rompiendo la posición de columna neutra.**
- ✗ **No rote desde los hombros. Hágalo desde su caja torácica.**

1 2 3

Advertencia

- Si tiene alguna lesión de cuello o de espalda, haga el ejercicio bajo supervisión.

2 **Espire,** tirando de los abdominales para cruzar el brazo sobre el cuerpo, llevándolo en diagonal hacia la parte exterior de la rodilla opuesta. La palma de la mano debe mirar hacia abajo.

Mantenga la posición de columna neutra mientras rota la parte inferior de la caja torácica sobre ese lado, sin hacer girar los hombros. *Para mantener la postura neutra, imagínese que tiene un huevo debajo de la cintura, en la curva que se ha formado a su espalda. A medida que rota, cuide de no aplastarlo con sus lumbares.* Los omóplatos deberán mantenerse bajos durante todo el ejercicio.

3 **Inspire** y rote hacia la posición 1, manteniendo activos los músculos del estómago. Repita los pasos 2-3 de acuerdo con las repeticiones establecidas.

Transición: Levante los dos brazos hacia el techo preparándose para el ejercicio de Apertura de Pecho (véase pág. 50).

- ✓ **Levante los dos hombros, pero asegúrese de que los omóplatos se mantienen bajos mientras realiza el ejercicio.**
- ✓ **Compruebe que las rodillas no se caen hacia los lados.**
- ✓ **Relaje la cabeza sobre la mano, para que no haya tensión en el cuello.**

Apertura de pecho

Beneficios corporales

- Abre el pecho y corrige la posición de los hombros cerrados.
- Relaja la tensión de cuello y hombros y la rigidez de la espalda superior y media.
- Fortalece y tonifica el pecho y los brazos.

Repeticiones: 6-10.

Modificaciones

Si tiene los hombros muy tensos, reduzca al principio el movimiento, abriendo los brazos hasta solo la mitad de su recorrido.

Tiéndase sobre la espalda con las rodillas dobladas en ángulo de 90 grados, y los pies separados y alineados con las caderas. Compruebe que se encuentra en posición de columna neutra y con el cuello y los hombros relajados. Levante los dos brazos hacia el cielo, alineados con los hombros, con las palmas de las manos mirándose entre sí. Mantenga los brazos rectos sin doblar los codos. Las manos deben encontrarse al nivel del esternón.

Puntos de observación

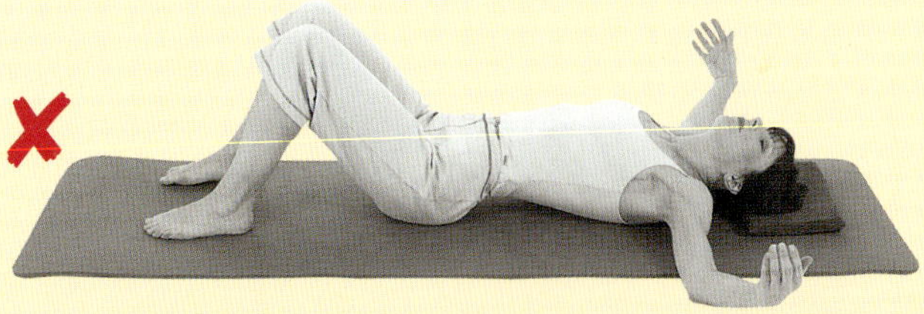

- ✗ **No doble los brazos.**
- ✗ **No deje que sus costillas sobresalgan ni que se arquee su espalda mientras abre los brazos.**

1 2 3

Advertencia

- Si es proclive a la dislocación de hombros, actúe con precaución.

2 **Inspire** mientras va abriendo lentamente los brazos rectos, y sin doblar, hacia los lados. Mantenga los omóplatos bajos mientras abre los brazos. *Imagínese que está pintando un arco iris empezando por el centro y siguiendo hacia los extremos.*

3 **Espire,** estirando los abdominales para hacer regresar los brazos a su posición de partida, utilizando la musculatura pectoral para realizar el movimiento.

Transición: Aleje las palmas de usted, preparándose para el ejercicio de División de Brazos (véase pág. 52).

✓ **Abra los brazos adoptando la posición de una T. No deje que los brazos se levanten demasiado, llevándolos a la altura de la barbilla porque eso podría generar tensión.**

✓ **Mantenga bajos los omóplatos mientras abre los brazos.**

División de brazos

Beneficios corporales

- Fortalece y tonifica la espalda, el pecho y los músculos de los brazos.
- Libera de tensión al cuello, los hombros y la espalda superior.
- Estira la musculatura del pecho, evitando la mala posición de los hombros.

Repeticiones: 6-10 de cada lado.

2 **Espire,** tirando de los abdominales, y divida los brazos alargándolos en direcciones opuestas, procurando alejar de las orejas la parte superior de los hombros. *Imagínese que sus brazos se abren y cierran como unas tijeras.*

1 Tiéndase sobre la espalda con las rodillas dobladas en ángulo de 90 grados y los pies alineados con las caderas. Eleve los brazos hacia el techo. Los brazos deberán estar rectos, sin doblar los codos y con las palmas de las manos hacia fuera. **Inspire.**

Puntos de observación

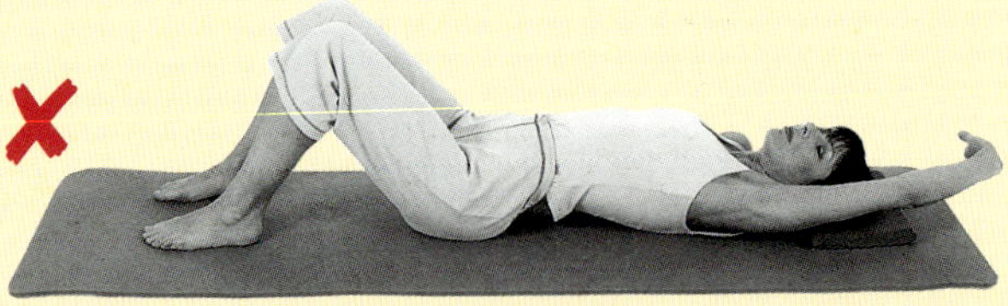

- ✗ **No doble los brazos ni levante los hombros hacia las orejas.**
- ✗ **No arquee la espalda ni levante la caja torácica cuando realice los movimientos.**

Advertencia

- Si ha sufrido una lesión reciente de hombro, consulte previamente con su médico y realice este ejercicio lenta y cuidadosamente.

3 **Inspire** y vuelva a llevar los brazos a la posición inicial.

4 **Espire,** tirando de los abdominales, y divida los brazos en sentido opuesto al anterior.

5 **Inspire**, haciendo regresar los brazos para dirigirlos hacia el techo.

Transición: Ponga los brazos a los costados, estire las piernas y rote hacia un lado preparándose para el ejercicio de Doble Elevación de Piernas (véase pág. 54). O bien ponga los brazos a los costados, rote hacia un lado y haga presión sobre las palmas de las manos para adoptar una posición sentada y prepararse para el ejercicio de Bajar Rotando (véase pág. 76).

Modificaciones

Si los hombros están tensos o el movimiento resulta incómodo, intente reducir la amplitud del movimiento y lleve los brazos solo a mitad de camino en ambas direcciones, hasta que se haga más flexible.

✓ **Lleve el brazo hacia atrás solo hasta donde pueda mantener los omóplatos bajos, y sin doblar los codos.**

✓ **Preocúpese más de la calidad del movimiento que de intentar forzar el movimiento del brazo, lo cual obligaría a levantar los hombros y doblar el antebrazo.**

Doble elevación de piernas

Beneficios corporales

- Fortalece la musculatura abdominal.
- Reduce la cintura.
- Afirma la zona interior del muslo.

Repeticiones: 6-10 de cada lado.

Modificaciones

Si esta posición le produce incomodidad en el cuello o en los hombros, doble el brazo inferior y coloque un cojín entre su brazo inferior y la cabeza.

Si le resulta difícil impedir que roten las caderas, tiéndase sobre el costado con la espalda contra la pared para asegurarse de que tanto las caderas como los hombros estén nivelados.

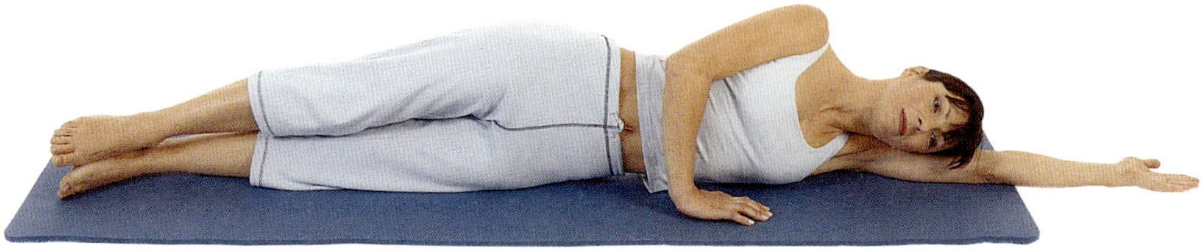

Tiéndase sobre el costado, cuidando de que una cadera esté bien nivelada con la otra. Tanto la oreja, como la parte media del hombro, la cadera y el tobillo deben encontrarse alineados. Los pies señalan hacia abajo. El brazo superior descansa sobre el suelo frente a usted, mientras que el inferior se halla extendido a lo largo, con la palma de la mano hacia arriba; la cabeza descansa sobre ese brazo. Ahora lleve las piernas suavemente hacia delante. **Inspire.**

Puntos de observación

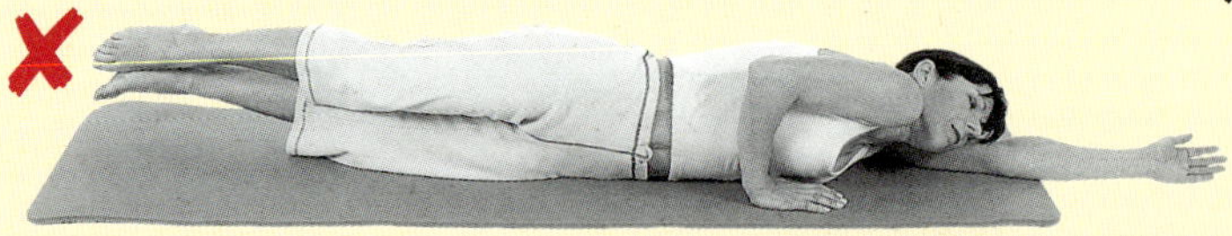

- ✗ **No lleve hacia delante las caderas ni los hombros.**
- ✗ **No contraiga la cintura.**

1 2 3

Advertencia

- Si tiene alguna lesión de espalda, haga este ejercicio bajo supervisión.

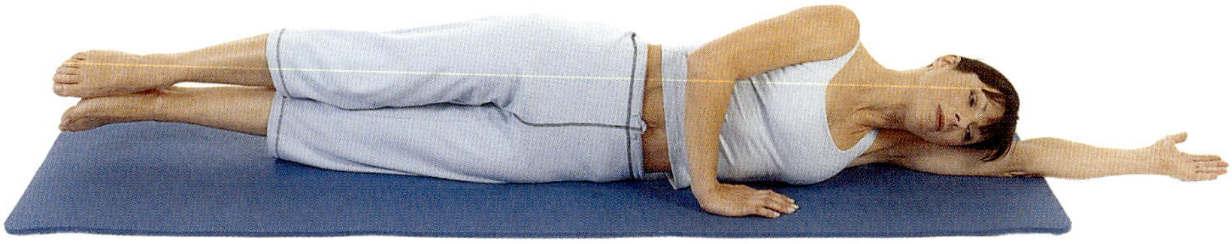

2 **Espire**, tirando de los abdominales para estabilizar el cuerpo; levante las piernas rectas unos 10 cm de la colchoneta, apretando la parte interior de los muslos mientras hace esa elevación y aleja las piernas del cuerpo. *Imagínese que la parte interior de los muslos se encuentra pegada con cola, de modo que tienen que moverse juntos.* Mantenga esta posición mientras cuenta hasta tres.

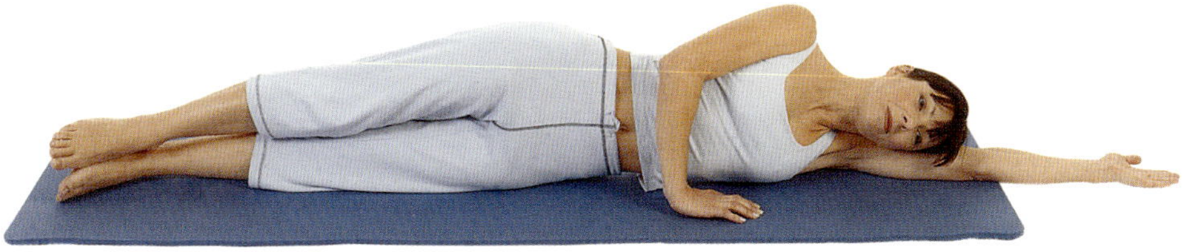

3 **Inspire** mientras va bajando lentamente las piernas.

Transición: Doble la pierna inferior para realizar el ejercicio de Elevación Exterior del Muslo (véase pág. 56), o gire las piernas hacia fuera para el Golpe Lateral (véase pág. 118). Para evitar el balanceo de los costados mientras realiza las series siguientes, puede hacer todos estos ejercicios de costado sobre un mismo lado, antes de empezar con el otro, repitiendo los ejercicios de forma secuencial.

✓ **Mantenga quieto el tronco. No arquee la zona lumbar ni tuerza la pelvis ni los hombros.**

✓ **Cuide de no contraer la cintura. Cuando estire las piernas, debe quedar un pequeño hueco entre la cintura y la colchoneta que ha de mantener a lo largo de todo el ejercicio.**

✓ **Junte y apriete la parte interior de los muslos mientras los eleva.**

Elevación exterior del muslo

Beneficios corporales

- Tonifica la musculatura de la zona exterior de los muslos, reduciendo sus partes grasas y dándoles una apariencia más esbelta.
- Fortalece la musculatura de las nalgas.
- Alarga la musculatura de las piernas desde la cintura hasta los tobillos.

Repeticiones: 6-10 de cada lado.

Modificaciones

Si le resulta incómodo yacer sobre el brazo extendido, dóblelo ligeramente y coloque un cojín bajo la cabeza. Si se le hace difícil encontrar una buena alineación, tiéndase apoyando la espalda en la pared para asegurarse de que las caderas y los hombros están alineados.

Tiéndase de costado con las caderas bien alineadas una sobre otra. La oreja, la parte central de hombro, la cadera y el tobillo deben estar alineados. Los pies señalan hacia abajo. El brazo superior descansa sobre el suelo frente a usted, y el brazo inferior se encuentra extendido a lo largo de la cabeza, con la palma hacia arriba, dejando que la cabeza descanse sobre ese brazo. Doble la pierna inferior hacia delante para conseguir más apoyo. Aleje la pierna superior sin mover las caderas y flexione el pie. Gire el muslo de la pierna superior hacia dentro siguiendo la articulación de la cadera, de modo que la pierna rote ligeramente hacia dentro, sin mover la cadera. **Inspire.**

Puntos de observación

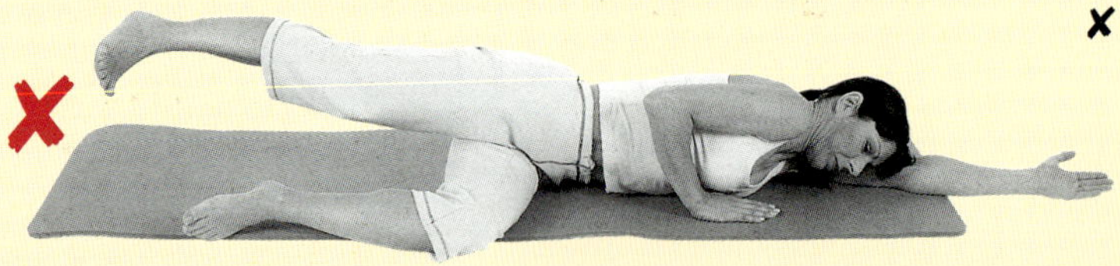

✗ **No deje que su cintura se apriete contra el suelo.**

✗ **No deje que la cadera se vaya hacia delante mientras levanta la pierna a su altura.**

2 **Espire,** tirando de los abdominales para mantener el cuerpo estable, apretando ligeramente entre sí los músculos de las nalgas; extienda la pierna superior al tiempo que la eleva desde la cadera.

Alargue la cintura y mantenga extendida la pierna superior, manteniendo la rotación interior, y empujando desde el talón del pie, a medida que va elevando la pierna. *Imagínese que está intentando tocar la pared opuesta con el talón.*

3 **Inspire** y vaya bajando la pierna hasta la posición inicial.

Transición: Alargue la pierna inferior y cruce la superior sobre ella para realizar el ejercicio de la Elevación Interior de Muslo (véase pág. 58).

- ✓ **Las costillas inferiores deben mantenerse quietas, sin echarlas hacia delante.**
- ✓ **La alineación es vital en este ejercicio. Mantenga el cuerpo bien alineado, con las caderas mirando hacia delante. No deje que se inclinen hacia delante o hacia atrás mientras realiza el ejercicio.**
- ✓ **Mantenga el pie flexionado todo el tiempo. Si ha rotado correctamente el muslo desde la articulación de la cadera, el talón deberá estar algo más alto que los dedos del pie.**

Elevación interior del muslo

Beneficios corporales

- Fortalece y afirma los músculos de la zona interior de los muslos.

Repeticiones: 6-10 de cada lado.

2 **Espire,** tirando de los abdominales y extendiendo la pierna inferior lo más posible, mientras eleva ligeramente el talón unos 15 cm de la colchoneta. Asegúrese de que la rodilla inferior mira hacia delante durante todo el tiempo y que las caderas no se mueven. *Imagínese que está intentando tocar la pared de enfrente con el talón.*

1 Tiéndase de costado con las caderas bien alineadas. La oreja, la parte media del hombro, la cadera y el tobillo deben encontrarse correctamente alineados. Los pies señalan hacia abajo. El brazo superior descansa en el suelo frente a usted, mientras que el inferior se encuentra extendido a lo largo, con la palma hacia arriba, dejando que la cabeza descanse sobre él. Lleve la pierna superior hacia delante, de modo que el pie de esa pierna descanse sobre el suelo, cuidando de mantener la pierna bien extendida y las caderas alineadas. La pierna inferior permanece bien extendida bajo la otra. **Inspire.**

Puntos de observación

- ✗ **No doble la pierna.**
- ✗ **No deje que las caderas se vayan hacia delante o hacia atrás.**

3 **Inspire** mientras va descendiendo la pierna hacia la colchoneta.

Transición: Después de haber completado la elevación del muslo interior en los dos lados, colóquese boca abajo para realizar el ejercicio de Elevación de Corvas (véase pág. 60), o el de Golpe de una Pierna (véase pág. 120).

Modificaciones

Si encuentra incómoda esta posición para sus hombros, doble ligeramente el brazo inferior y coloque sobre él un cojín en el que descansará la cabeza.
Si le resulta difícil mantener estables la espalda y las caderas, o la pierna superior correctamente extendida, realice este ejercicio manteniendo la espalda contra la pared, doblando la pierna superior y dejándola descansar sobre un par de almohadas, para que sus caderas se mantengan bien estabilizadas.
Para asegurarse de que su cadera no se mueve y que usted está centrándose en el muslo interior, coloque la mano sobre la cadera y presione sobre ella hacia la colchoneta.

- ✓ **Asegúrese de que la cadera, la rodilla y el pie de la pierna inferior miran hacia delante.**
- ✓ **Mantenga quieto el tronco.**
- ✓ **Trate de empujar desde el talón del pie inferior para extender la pierna mientras la eleva. Deberá sentir cómo está trabajando la zona interior del muslo para elevar la pierna.**
- ✓ **Realice todo el movimiento de forma lenta y suave.**

Elevación de corvas

Beneficios corporales

- Eleva y tonifica las nalgas.
- Fortalece la musculatura de las corvas en la parte trasera de los muslos.
- Alarga las piernas dándoles una apariencia más estilizada.

Repeticiones: 6-10 en cada pierna.

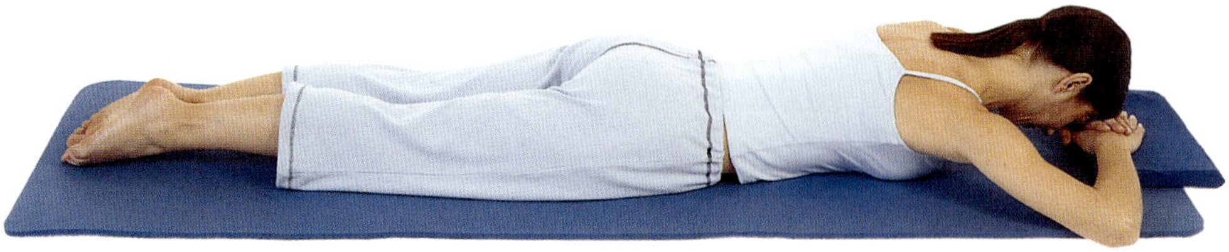

Tiéndase boca abajo con las piernas bien extendidas y los pies juntos. Doble los codos y coloque las manos una encima de la otra bajo la frente. Presione su hueso púbico suavemente contra la colchoneta para alargar la parte baja de la espalda. **Inspire.**

Puntos de observación

- ✗ **No levante los hombros**
- ✗ **No levante las caderas con la pierna.**

Advertencia

- No deberá sentir molestia alguna en su zona lumbar.
- Si tiene alguna lesión en esa zona, deberá realizar este ejercicio bajo supervisión.

2 **Espire,** tirando de los abdominales y elevando una pierna de la colchoneta; estírela en toda su extensión desde la nalga hasta el talón.

Mantenga esta postura mientras cuenta hasta seis. *Imagínese que su pierna es un chicle que se va haciendo más delgado a medida que usted lo alarga en direcciones opuestas.*

3 **Inspire** y baje la pierna.

Transición: Coloque los brazos a los costados y deje descansar la cabeza sobre la frente, preparándose para el ejercicio de La Flecha (véase pág. 62).

- ✓ **Para proteger la zona lumbar, asegúrese de que está activando los abdominales mientras eleva las piernas, de manera que la parte baja del abdomen se separe del suelo.**
- ✓ **Concéntrese en empujar el talón para que toque la pared de enfrente, lo que hará alargar la pierna.**
- ✓ **Alargue la parte posterior del cuello y mantenga todo el tiempo relajados los hombros.**

La flecha

Beneficios corporales

- Se fortalecen los músculos abdominales y dorsales, y con el tiempo este ejercicio le aliviará de los dolores y molestias en la zona lumbar.
- Mejora la estabilización de los hombros.

Repeticiones: 6-10.

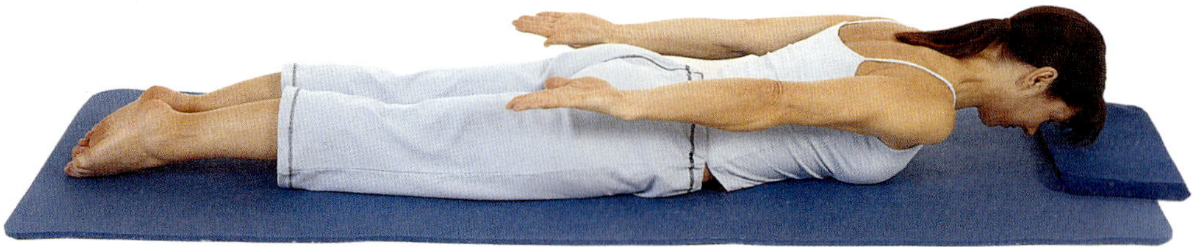

2 **Espire,** tirando de los abdominales a medida que va elevando las palmas hacia el techo, y haciendo descender los omóplatos hacia las caderas, levantando el esternón, la cabeza y los hombros de la colchoneta. Manténgase en esta posición mientras cuenta hasta tres. *Imagínese que su cuerpo es como una flecha.* Trate de presionar con la frente sobre la colchoneta para alargar la parte posterior del cuello y también la columna. Al mismo tiempo, coloque los dedos de las manos en direcciones opuestas.

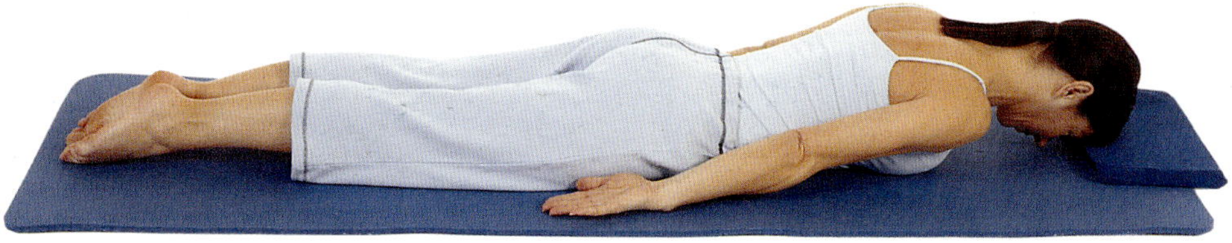

1 Tiéndase boca abajo en la colchoneta con los brazos a los costados, las palmas de las manos hacia arriba y los dedos señalando a los pies. Presione el hueso púbico contra la colchoneta para mantener alargada su zona lumbar. **Inspire.**

Puntos de observación

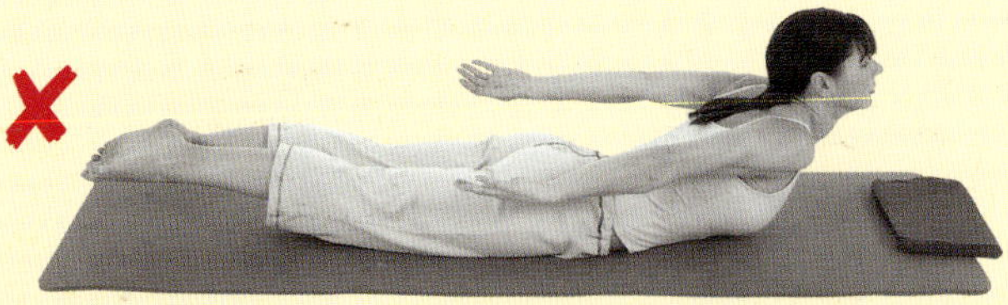

- ✗ **No levante las piernas.**
- ✗ **No contraiga la parte posterior del cuello ni mire hacia delante en vez de hacerlo hacia abajo, hacia la colchoneta.**

1 2 3

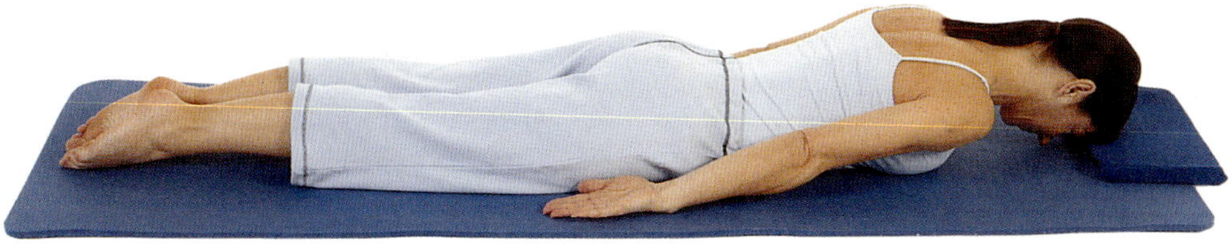

Advertencia

- Si tiene alguna lesión de espalda o padece alguna enfermedad dorsal, como la espondilolitesis, realice este ejercicio con sumo cuidado y solamente bajo supervisión.

3 **Inspire** y deje caer el cuerpo.

Transición: Presione con las palmas de las manos, colocadas delante de usted, sobre la colchoneta y échese hacia atrás para que el tronco descanse sobre los talones, preparándose para la Posición de Descanso (véase más abajo).

Posición de descanso

Beneficios corporales

- Es una magnífica oportunidad para descansar al final de la sesión, al tiempo que alarga la zona lumbar.

Advertencia

- Omita esta posición de descanso si tiene problemas con las rodillas. En su lugar, échese de costado y recoja el cuerpo como si fuera una pelota.

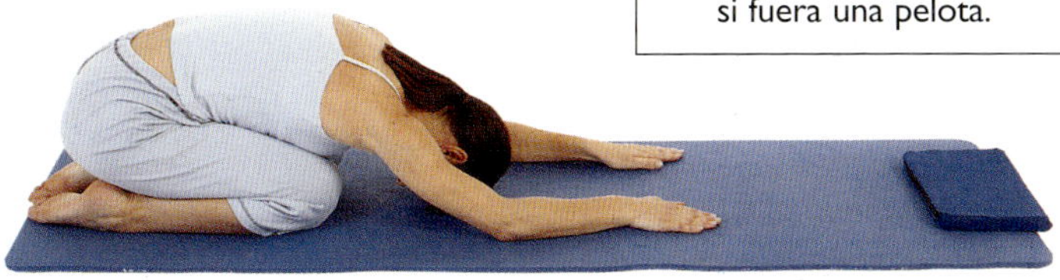

1 Lleve desde la posición de Flecha el cuerpo hacia atrás, de modo que se quede sentado sobre los talones, manteniendo los brazos estirados delante de usted. Descanse así durante 30 segundos.

Transición: Échese lentamente hacia atrás hasta adoptar una posición arrodillada, elevando poco a poco una vértebra tras otra. Siéntese sobre la colchoneta y después tiéndase sobre la espalda para el ejercicio de Alargamiento de Corvas (véase pág. 64).

- ✓ **Considere este ejercicio más como un alargamiento que como una elevación. No levante demasiado los brazos o el cuerpo. Cuando eleve los brazos, las palmas deberán estar por encima de las nalgas. La cabeza debe elevarse unos 10 cm de la colchoneta. De este modo usted estará descansando sobre las costillas, el hueso púbico, los huesos de las caderas y las piernas.**
- ✓ **Mantenga todo el tiempo elevados los abdominales para que en ellos se apoye la columna.**
- ✓ **Asegúrese de que está alargando la parte posterior del cuello durante todo el ejercicio.**

Alargamiento de corvas

Beneficios corporales

- Alarga la musculatura de las corvas en la parte posterior de los muslos.
- Libera la tensión de las lumbares.

1 Tiéndase sobre la espalda con las rodillas dobladas y alineadas con las caderas. Eleve una pierna y coloque las manos detrás del muslo para aguantarlo. **Inspire,** asegurándose de que el cóccix está pegado a la colchoneta.

2 **Espire**, tirando de los abdominales a medida que alarga la pierna levantada hacia el techo, utilizando las manos para sostener la pierna mientras la extiende. Flexione el pie. Mantenga esta postura durante unos 30 segundos. Repita el ejercicio con la otra pierna.

Modificaciones

Si esta postura le resulta incómoda, utilice un cinturón o una banda elástica para aguantar el pie.
Si tiene unas corvas flexibles, puede colocar la pierna que no sostiene con las manos a lo largo de la colchoneta, de modo que se encuentre extendida y no tenga que estar doblada.

Puntos de observación

✗ **No exagere este alargamiento. Asegúrese de que su cóccix está bajo durante todo el ejercicio para que la pelvis no tenga que inclinarse, aunque para ello no deba levantar mucho la pierna.**

✓ **Recuerde que debe alargar la pierna levantada en dos sentidos: alargando el talón hacia el techo, pero también alargando el otro extremo de la pierna cerca de las nalgas.**

✓ **Recuerde mantener relajados los hombros y la cabeza apoyada en el cabezal.**

Alargamiento de cuádriceps

1 2 3

Beneficios corporales

- Alarga los cuádriceps de la parte anterior de los muslos.

Advertencia

- Si tiene problemas con las rodillas, haga este ejercicio con cuidado, y omítalo si le resulta incómodo.

1 Tiéndase recto sobre un costado con el brazo inferior a lo largo de su cabeza, la palma hacia arriba, y con la cabeza descansando sobre ese brazo. Doble la pierna inferior adelantándola un poco para que le sirva de apoyo. Cuanto más arriba pueda llevar esa pierna doblada, más se alargarán los músculos. **Inspire.**

2 **Espire,** tirando de los abdominales, agarre el tobillo de la pierna superior doblada y trate de llevarlo hasta las nalgas. Sentirá cómo se alargan los cuádriceps de la parte anterior del muslo. Mantenga este alargamiento durante 30 segundos, teniendo siempre activos los músculos abdominales. Rote sobre el otro costado y repita el ejercicio.

Puntos de observación

✗ **No arquee la espalda ni rote el cuerpo hacia delante o hacia atrás.**

✓ **Empuje un poco las caderas hacia delante para aumentar el alargamiento.**

Alargamiento de nalgas

Beneficios corporales

- Alarga los músculos de las nalgas.
- Libera la tensión de las lumbares.

Tiéndase sobre la espalda con la rodilla doblada en ángulo de 90 grados. Cruce la otra pierna sobre la anterior colocando el tobillo sobre la rodilla. Sostenga así el tobillo manteniendo la cabeza sobre el cabezal. **Inspire.**

Puntos de observación

- ✗ **No tuerza las caderas.**
- ✗ **No levante los hombros ni el cóccix.**

1 2 3

Advertencia

- Si tiene problemas en las rodillas y esta postura le resulta incómoda, omita de momento el ejercicio.

2 **Espire,** tirando de los abdominales, mientras trae el tobillo un poco más hacia usted. Sentirá un alargamiento de la nalga de la pierna cuyo tobillo está sosteniendo. Mantenga esta posición durante unos 30 segundos. Repita el ejercicio con la otra pierna.

Modificaciones

Si el ejercicio le resultase relativamente sencillo y quisiera aumentar el alargamiento, coloque las dos manos en ángulo recto detrás del muslo doblado y trate de llevar la rodilla un poco más hacia el pecho, manteniendo siempre el cóccix pegado a la colchoneta. Mantenga esta postura durante 30 segundos en cada lado.

1

2

3

Vea la diferencia

Beneficios después de 20 sesiones

Practique Pilates durante unas veinte sesiones y verá la diferencia:

- Sus músculos serán más firmes y ofrecerán una apariencia más tonificada.
- Su musculatura abdominal se fortalecerá, y su estómago empezará a mostrarse más liso.
- Los muslos se afirmarán y se apreciarán más estilizados.

A medida que vaya aprendiendo a alargar los músculos, se mejorará su flexibilidad general. Al cabo de veinte sesiones se dará cuenta de que puede llegar más lejos en sus estiramientos:

- Su columna y corvas se harán más elásticas.
- Será capaz de ir despegando la columna de la colchoneta con mayor facilidad.
- Si trata de tocar los dedos de los pies, sus dedos se acercarán más al suelo de lo que solían hacerlo antes.

- Después de veinte sesiones se sentirá mucho más cómodo con su cuerpo. Se habrá liberado de la tensión acumulada durante años y podrá moverse con mayor soltura. Las articulaciones de caderas, rodillas, hombros y tobillos estarán más sueltas, mejorando con ello su equilibrio y coordinación corporal. La piel se mostrará más clara y se sentirá menos estresado, más centrado y más dispuesto a enfrentarse al mundo.

- Incorpore el Pilates de forma regular en su vida y los resultados hablarán por sí solos. Es posible que empiece a escuchar cumplidos por parte de los demás, diciéndole que ahora lo encuentran más joven y más relajado. Sin duda usted mismo se sentirá mejor de lo que se encontró durante años. Tendrá mucha más energía y habrá aumentado la autoconfianza. Se verá y se sentirá más atractivo. Y, naturalmente, cuanto más feliz se sienta, más atraerá a los demás.

Nivel 2 del programa

Ahora que ya puede hacer los ejercicios del Nivel 1 de manera cómoda y adecuada, se sentirá preparado para pasar al Nivel 2. Practique la secuencia de ejercicios del Nivel 2 tres veces a la semana, dejando preferiblemente un día de descanso entre las sesiones. Realice los ejercicios siguiendo la pauta establecida en el **Plan Secuencial de Ejercicios** (véanse págs. 72-73), añadiendo dos o tres nuevos ejercicios cada vez, y saltándose el resto de los ejercicios nuevos, de momento.

La mayoría de los ejercicios que aprendió en el Nivel 1 se repiten en el Nivel 2. Hay, también, otros nuevos que se le harán un poco más complejos, a medida que tenga que ir trabajando distintas zonas del cuerpo de forma simultánea. La clave está en realizarlos lenta y cuidadosamente. Revise los seis **Principios Pilates** fundamentales (véanse págs. 12-13), y cada vez que esté realizando un ejercicio concéntrese en uno de esos principios para poder, de ese modo, mejorar su técnica.

Los ejercicios deberán hacerse siguiendo el orden que se da aquí, a fin de poder equilibrar mejor su cuerpo; así pues, empiece por el principio y vaya trabajando de modo progresivo, dejando siempre de lado cualquier ejercicio para el que de momento no se sienta preparado, o en el caso de que tenga alguna lesión o deficiencia que le impida ejecutarlo.

Avance a su propio ritmo

El saber cuándo debe incluir un ejercicio nuevo en su práctica diaria es algo que depende exclusivamente de su capacidad física. Asegúrese de que siempre está trabajando dentro de sus posibilidades. En el momento en que realice un ejercicio nuevo, preste atención a su cuerpo.
Por ejemplo, si sus corvas y lumbares se encuentran tensas, el ejercicio Círculos con una Sola Pierna (véase pág. 78) puede resultarle, al principio, difícil. Trate de hacerlo con la versión modificada hasta que la musculatura se haya alargado. Es necesario que sepa juzgar por sí mismo si un ejercicio le resulta incómodo, y si está esforzándose más de lo que debiera. Si alberga algún tipo de dudas, solicite unas clases privadas con un profesor Pilates, y póngalas en práctica mientras sigue con el programa.

La clave está en escuchar a su cuerpo cuando intente hacer un nuevo movimiento. Ha de sentir que está trabajando duro, pero sin que note la menor molestia. Vaya despacio, disfrute de cada movimiento utilizando precisión y control. Emplee también las transiciones, para pasar de un ejercicio a otro de forma suave.

Pero lo más importante es que no tenga prisa. Concédase todo el tiempo necesario en este nivel para asegurarse de que se siente cómodo con los ejercicios, y que los está haciendo de manera cómoda y adecuada, antes de pasar al Nivel 3. Obsérvese continuamente para comprobar lo que está haciendo; en la medida en que advierta que está viviendo un reto, pero de forma cómoda, obtendrá los resultados apetecidos. Nunca deberá pasar a otro nivel antes de que esté preparado para ello. En primer lugar, eso podría producirle daños o molestias. En segundo, si no está realizando los ejercicios de modo adecuado porque todavía no tiene la fuerza o la flexibilidad suficientes para hacerlos, no logrará mejorar su forma física. Preste atención a su cuerpo y asegúrese de que está en el nivel exacto de ejercicios que él necesita.

Practique Pilates veinte veces, aproximadamente, el nivel que sea adecuado para su cuerpo y pronto empezará a ver la diferencia.

Nivel 2: Plan secuencial de ejercicios

Este plan de ejercicios incluye la mayoría de los que ya aprendió en el Nivel 1, más muchos otros nuevos. Añada dos o tres de los nuevos cada vez que pratique, hasta que haya aprendido toda la secuencia. Como sucedía anteriormente, cada ejercicio finaliza con unas instrucciones de transición, de modo que usted pueda pasar de forma suave y fluida de un ejercicio al siguiente.

1

Inclinación pelviana pág. 40

2

Lado a lado * pág. 74

3

Elevación de pecho pág. 46

7

Rotación pág. 76

8

Círculos con una pierna * pág. 78

9

Rodar como una pelota * pág. 82

13

La sierra * pág. 90

14

Giro de columna * pág. 92

15

Doble elevación de piernas pág. 54

19

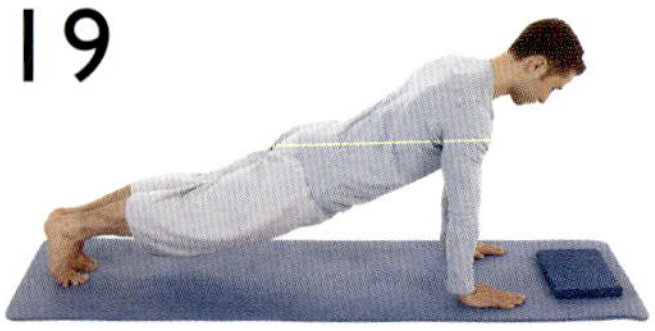

Plancha * pág. 94

20

Plancha invertida * pág. 96

21

Foca * pág. 98

* Ejercicios nuevos.

4

Alargamientos oblicuos pág. 48

5

Apertura de pecho pág. 50

6

División de brazos pág. 52

10

Doble alargamiento de piernas de principiante pág. 84

11

Alargamiento simple de pierna * pág. 86

12

Alargamiento de columna hacia delante pág. 88

16

Elevación exterior de muslo pág. 56

17

Elevación interior de muslo pág. 58

18

Flecha (+ posición de descanso) pág. 62

Lado a lado

Beneficios corporales

- Fortalece la musculatura abdominal.
- Reduce la cintura.
- Aumenta la flexibilidad de la columna.

Repeticiones: 5 de cada lado, alternando los lados.

1 Tiéndase sobre la espalda con las rodillas dobladas y extienda los brazos hacia los lados a la altura de los hombros, con las palmas hacia abajo. Doble las rodillas, llevándolas hacia el pecho. Las rodillas deberán estár apuntando al techo, y han de mantenerse juntas, al igual que la parte interior de los muslos. **Inspire,** después **espire,** tirando de los músculos abdominales.

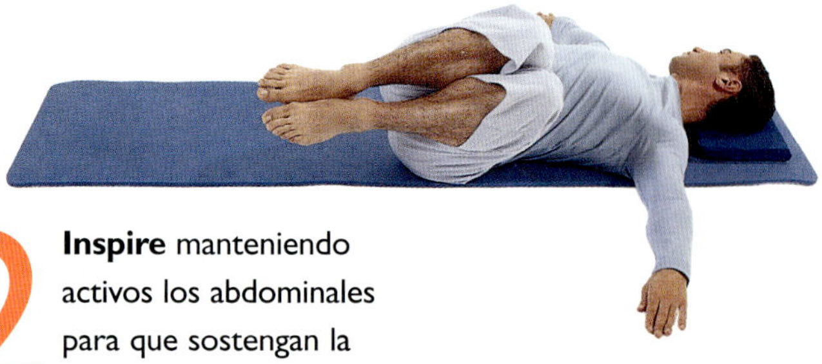

2 **Inspire** manteniendo activos los abdominales para que sostengan la columna; lleve las rodillas dobladas hacia un lado, manteniendo los omóplatos firmemente pegados a la colchoneta. Gire suavemente la cabeza hacia el otro lado.

3 **Espire,** tirando de los abdominales para traer de nuevo las rodillas y la cabeza al centro. Relaje los muslos. *Imagínese que tiene las piernas pesadas y que está utilizando exclusivamente la fuerza de la musculatura abdominal para traer las rodillas al centro.*

Puntos de observación

- ✗ **No tuerza las caderas ni aleje exageradamente las rodillas de los pies.**
- ✗ **No encoja el cuello ni eleve los hombros.**

Advertencia

- Si tiene alguna lesión de cuello o de espalda, haga este ejercicio bajo supervisión.

4 **Inspire,** manteniendo activos los abdominales mientras lleva las rodillas hacia el otro lado, haciendo girar la cabeza hacia el lado opuesto.

5 **Espire,** tirando de los abdominales para regresar al centro.

Transición: Coloque los pies sobre la colchoneta con las rodillas dobladas en ángulo de 90 grados y mantenga los pies alineados con las caderas. Ponga los brazos detrás de la cabeza para realizar el ejercicio de Elevación de Pecho (véase pág. 46).

Modificaciones

Si siente algún tipo de tensión en las lumbares o cree que este ejercicio es demasiado fuerte para su musculatura abdominal, reemplácelo haciendo la Pequeña Rotación de Cadera (véase pág. 42) y la Rotación de Cadera (véase pág. 44), ejercicios pertenecientes al Nivel 1, hasta que su cuerpo tenga más fuerza.

- ✓ **Relaje el cuello, el pecho y los hombros.**
- ✓ **Mantenga bajos los omóplatos sobre la colchoneta durante todo el tiempo.**
- ✓ **Presione sobre la colchoneta con las palmas de las manos para mayor estabilidad.**
- ✓ **Asegúrese que lleva pies y rodillas hacia los lados sin torcer las caderas.**
- ✓ **Tanto las rodillas como los pies han de moverse hacia los lados como si fueran una sola cosa.**

Rotación

Beneficios corporales

- Fortalece la musculatura abdominal.
- Alarga la espalda mejorando la flexibilidad.
- Estimula la buena articulación de la columna.

Repeticiones: 3-5.

2 **Espire,** tirando de los abdominales, retrayendo el cóccix y curvando la zona lumbar sobre la colchoneta, de forma que su columna adquiera la curvatura de la letra C. Mientras **sigue espirando,** continúe tirando de los abdominales y procure aumentar esa C rotando cada una de las vértebras. Siga rotando hasta donde se lo permitan sus brazos, sin que sus manos se aparten de los muslos. Los omóplatos deberán estar bajos y bien insertados en la espalda. **Inspire** y descanse en esa posición de curva en C.

1 Siéntese con la espalda erguida y las rodillas dobladas en ángulo de 90 grados, manteniendo los pies alineados con las caderas. Coloque los pies tan planos como le sea posible. Ponga las manos alrededor de la parte posterior de los muslos y levante los codos. **Inspire.**

Puntos de observación

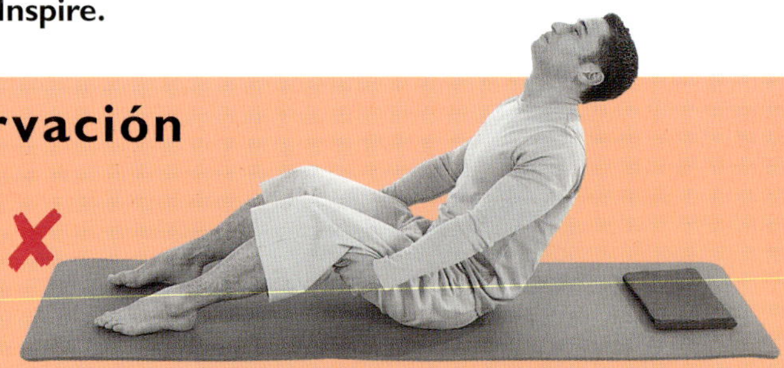

- ✗ **No deje que se alcen las costillas o que se arqueen los abdominales.**
- ✗ **No enderece la espalda mientras realiza el movimiento; debe mantenerse curvada.**

Advertencia

- Si advierte algún tipo de tensión en la zona lumbar, omita este ejercicio.
- Si tiene unas muñecas, codos u hombros débiles, agarre las piernas de forma suave.

3 **Espire,** tirando de los abdominales, cada vez más profundamente, para curvar la columna, vértebra a vértebra, manteniendo todo el tiempo la postura curva de la C, hasta que los hombros se encuentren a la altura de las caderas. *Imagínese que sus abdominales están siendo atraídos hacia la columna vertebral por una fuerza magnética.*

4 **Inspire** y vuelva a permanecer sentado con la espalda erguida.

Transición: Vaya descendiendo el cuerpo hacia la colchoneta con los brazos a los costados, preparándose para el ejercicio Círculos con una Pierna (véase pág. 78).

Modificaciones

Mantenga las plantas de los pies sobre la colchoneta, si le es posible. Si esa postura le resultase incómoda, levante los dedos de los pies pero siga manteniendo los talones sobre la colchoneta.

✓ **Cuide de no inclinar el cuerpo hacia atrás. Utilice los abdominales, de modo que el movimiento parta de la base de la columna.**

✓ **Mantenga los músculos abdominales tensados para formar la curvatura de la zona lumbar.**

✓ **Mantenga los omóplatos bajos y los hombros alzados.**

Círculos con una pierna

Beneficios corporales

- Aumenta la fuerza y flexibilidad de las caderas.
- Alarga la parte posterior de los muslos.
- Fortalece la parte interior de los muslos.
- Alarga y fortalece la parte exterior de los muslos.
- Afirma las nalgas.

Repeticiones: 5 círculos en cada dirección con una pierna; otros 5 en cada dirección con la otra pierna.

1 Tiéndase de espalda con las rodillas dobladas en ángulo de 90 grados, y los pies alineados con las caderas. Coloque los brazos a los costados, presionando el suelo con las palmas para apoyarse. Asegúrese de que la parte posterior del cuello está alargada y sus hombros bajos y relajados. Levante una pierna recta hacia el techo, haciendo girar los músculos de las nalgas desde su articulación con las caderas. El muslo interior también debe estar activado. Alargue el pie de modo que los dedos señalen el techo. La otra pierna debe seguir doblada, con el pie apoyado firmemente sobre la colchoneta.

1 **2** 3

Advertencia

- Si tiene alguna lesión en la espalda, realice este ejercicio bajo supervisión.
- Si advierte que sus caderas suenan, doble suavemente la rodilla y reduzca la amplitud del círculo.

2 **Inspire** a medida que va cruzando el pie sobre el cuerpo, sin permitir que las caderas se separen de la colchoneta.

3 **Espire,** tirando de los abdominales, mientras hace girar en círculos la pierna alzada hacia la línea central del cuerpo.

Círculos con una pierna (continuación)

4 Siga **espirando,** mientras continúa haciendo el círculo hacia el otro lado del cuerpo.

5 Mientras sigue **espirando,** continúe con el círculo, trayéndolo ahora hacia el centro, a la posición inicial. *Imagínese que está pintando un pequeño círculos en el aire, utilizando su dedo gordo del pie como pincel.* Controle el movimiento con los abdominales, de modo que su tronco y su pierna doblada se mantengan relajadas durante todo el ejercicio. Repítalo 5 veces.

Puntos de observación

- ✘ **No eleve la pelvis.**
- ✘ **No encoja el cuello ni los hombros.**

6 Invierta los círculos **inspirando** al tiempo que aleja la pierna del cuerpo. **Espire** al traer la pierna de nuevo hacia el centro. Repítalo 5 veces.

Transición: Coloque ambos pies de vuelta en la esterilla con las rodillas dobladas, gire entonces hacia un lado y empújese con las manos para sentarse para el ejercicio Rodar como una Pelota (pág. 82).

O si es capaz baje la pierna elevada sobre los brazos y sobre la cabeza, y haga un alargamiento de la columna hacia delante (pág. 108) para colocarse en la posición sentada para el ejercicio de Rodar como una Pelota.

Modificaciones

Si su zona lumbar y sus corvas están tensas, tal vez le resulte difícil mantener la posición. Si le resulta imposible mantener las caderas pegadas a la colchoneta mientras estira la pierna hacia el techo, doble ligeramente la rodilla hasta que se sienta capaz de mantener la pierna estirada sin dificultad. Cuando logre realizar este ejercicio manteniendo estable el tronco mientras tiene doblada la rodilla, puede intentar hacerlo un poco más difícil estirando esa pierna sobre la colchoneta. Una vez que logre realizar este ejercicio manteniendo totalmente estable el torso, trate de aumentar la amplitud del círculo sin alterar su estabilidad central.

- ✓ **Asegúrese de que mantiene quieto el cuerpo mientras realiza el círculo con la pierna desde la articulación de la cadera, sin inclinarse hacia un lado y sin arquear la espalda.**
- ✓ **A fin de que no sea el cuádriceps el que realice todo el trabajo, gire levemente el muslo y utilice la nalga para ayudarse en el movimiento.**
- ✓ **Mientras mantiene la pierna completamente estirada, los dedos de los pies han de estar apuntando al techo.**
- ✓ **En este ejercicio ha de poner todo el énfasis en el círculo «aéreo» de la pierna.**

Rodar como una pelota

Beneficios corporales

- Fortalece los abdominales.
- Masajea la columna y mejora la flexibilidad dorsal.
- Mejora el equilibrio y el control.

Repeticiones: 6-10.

1 Siéntese al borde de la colchoneta con los pies juntos y las rodillas dobladas. Agarre un tobillo con cada mano, manteniendo los codos bien abiertos hacia los lados. Acerque los pies a las nalgas e incline la cabeza hacia las rodillas. Abra ligeramente las rodillas. Vaya rotando hacia atrás de forma secuencial, de modo que su espalda se encuentre redondeada y usted mantenga el equilibrio sobre el cóccix y los pies levantados de la colchoneta. Ha de mantener esta postura de pelota durante el ejercicio.

2 **Inspire** mientras rota hacia atrás sobre la colchoneta llegando hasta la base de los omóplatos, manteniendo siempre la forma redondeada. Sienta cómo su columna rota sobre la colchoneta, vértebra a vértebra, de modo que termine la posición teniendo el centro del cuerpo mirando al techo. *Imagine que está recorriendo el teclado de un piano mientras hace rotar cada vértebra sobre la colchoneta.*

Puntos de observación

- ✗ **No aleje los pies de las nalgas.**
- ✗ **No deje que la cabeza toque la colchoneta.**
- ✗ **Mantenga la forma de una pelota apretada.**

Advertencia

- Si tiene alguna lesión dorsal, realice este ejercicio bajo supervisión.
- Si padece una escoliosis seria, omita el ejercicio.

3 **Espire,** tirando de los abdominales, para rotar hacia su posición inicial, de modo que nuevamente siga manteniendo el balanceo sobre el cóccix, y la columna arqueada. Los pies siguen en el aire, sobre la colchoneta. Mantenga bajos los omóplatos durante todo el ejercicio.

Transición: Desde la posición sentada rote la espalda sobre la colchoneta, vértebra a vértebra, y lleve las rodillas hacia el pecho preparándose para el Doble Alargamiento de Piernas del Principiante (véase pág. 84).

Modificaciones

No se preocupe si, al principio, no logra rotar completamente hacia atrás; rote lo que pueda y continúe practicando. Si el ejercicio se le hace muy difícil, agarre los muslos con las manos, cuidando de que los codos estén abiertos. Mantenga los pies juntos, las rodillas ligeramente abiertas y la zona lumbar arqueada. Trate de rotar en esta posición.

- ✓ **Mantenga los hombros relajados y bajos. No deje que se alcen hacia las orejas.**
- ✓ **Mantenga la cabeza inclinada hacia las rodillas, especialmente cuando rote.**
- ✓ **Una vez que se haya hecho con el movimiento, no ponga en él demasiada fuerza. Utilice la de sus abdominales para elevar la espalda.**
- ✓ **Mantenga todo el tiempo curvada su zona lumbar, a fin de lo enderezar la espalda durante el balanceo.**

Doble alargamiento de piernas

Beneficios corporales

- Fortalece los abdominales.
- Fortalece los músculos de las piernas.

Repeticiones: 6-10.

2 Continúe espirando mientras eleva rectas las piernas hacia el techo, señalándolo con los dedos de los pies. *Imagínese que tiene la espalda pegada a la colchoneta.*

1 Tiéndase sobre la espalda con las rodillas dobladas y las espinillas paralelas al suelo; las rodillas han de estar dobladas en ángulo de 90 grados respecto al torso. Entrelace los dedos y coloque las manos detrás de la cabeza, dejando que esta descanse sobre la colchoneta. Los codos deben estar abiertos pero dentro de su campo de visión. **Inspire,** y después **espire** lentamente. Tirando de los abdominales y rotando la cabeza y los hombros hacia el esternón, pero manteniendo bajos los omóplatos.

Puntos de observación

- ✗ **No deje que los codos se vayan hacia dentro.**
- ✗ **No arquee la espalda.**

del principiante

Advertencia

- Si tiene alguna lesión de cuello o de espalda, realice este ejercicio bajo supervisión.

3 **Inspire** y vuelva a doblar las rodillas manteniendo activados los músculos abdominales.

4 **Espire,** tirando de los abdominales a medida que va rotando para descansar la cabeza sobre la colchoneta.

Transición: Coloque suavemente ambas manos sobre una rodilla para realizar el ejercicio de Alargamiento de una Pierna (véase pág. 86).

Modificaciones

Si no le es posible estirar del todo las piernas hacia el techo, estírelas hasta donde pueda, y realice el ejercicio doblándolas ligeramente.

Una vez que le resulte cómodo realizar el ejercicio con las piernas estiradas, puede empezar a llevarlas hasta un ángulo de 45 grados.

Si la espalda empezase a arqueársele separándose de la colchoneta, es porque ha bajado demasiado las piernas.

- ✓ **Deje que la cabeza descanse sobre las manos. Emplee los abdominales para levantarse, de modo que no tensione el cuello.**
- ✓ **Mantenga los codos abiertos y los hombros relajados.**
- ✓ **Mantenga durante todo el ejercicio la espalda plana sobre la colchoneta.**

Alargamiento de una pierna

Beneficios corporales

- Tonifica la musculatura abdominal.
- Reduce la cintura.
- Estimula la buena alineación corporal.

Repeticiones: 6-10 de cada lado, alternando piernas.

1 Tiéndase sobre la espalda con las rodillas dobladas y las espinillas paralelas a la colchoneta. Coloque una mano sobre la parte interior de la rodilla opuesta. La otra mano se colocará sobre la parte exterior de la pierna, hacia el tobillo. Las rodillas deben estar juntas y los codos abiertos. **Inspire** y después **espire,** tirando de los abdominales.

2 **Inspire,** tirando de los abdominales, y rote cabeza y hombros separándolos de la colchoneta, y manteniendo bajos los omóplatos.

3 **Espire,** tirando de los abdominales mientras alarga una pierna colocándola en ángulo de 45 grados. Tanto el torso como la otra pierna que está sostenida por las dos manos no deben moverse. Ahora usted se encuentra en la posición inicial. *Imagínese que su tronco se ha congelado y no puede moverse.* **Inspire.**

Puntos de observación

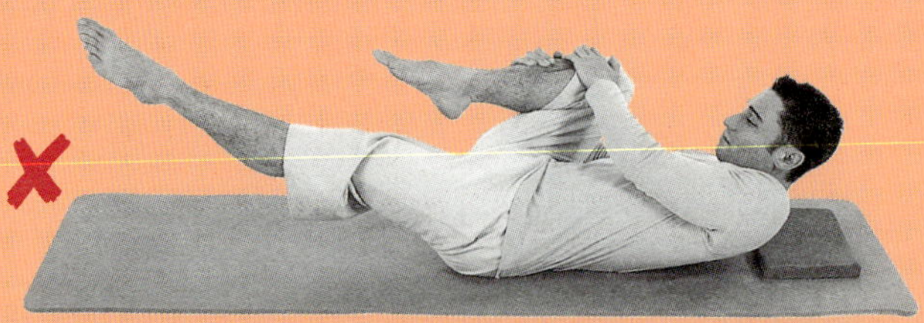

- ✗ **No tuerza los hombros ni las caderas.**
- ✗ **No deje caer la pierna doblada.**

Advertencia

- Si tiene alguna lesión dorsal, realice el ejercicio bajo supervisión.
- Si tiene rodillas débiles, actúe con cuidado.

4 Sin modificar la posición del tronco, **espire** y tire de los abdominales mientras cambia de piernas, doblando la pierna que tenía estirada y colocando también las manos en esa pierna, mientras estira la otra en un ángulo de 45 grados. Continúe cambiando de pierna en cada espiración hasta hacer el número de repeticiones requerida. Entre las espiraciones, puede hacer una inspiración muy tenue. Debe concentrarse en la espiración mientras dobla una pierna y estira la otra.

Transición: Coloque las manos detrás de la cabeza para realizar el ejercicio de Cruzado del Principiante (véase pág. 114). O rote sobre un costado y siéntese preparándose para el Alargamiento de Columna hacia Delante (véase pág. 88).

Modificaciones

Si le resulta difícil mantener la espalda plana sobre la colchoneta, intente alargar la pierna hacia el techo. A medida que adquiera práctica, vaya bajando la pierna hacia un ángulo menor. Si siente tensión en el cuello, realice los movimientos de piernas manteniendo ambas manos bajo la cabeza y dejando que el peso de esta recaiga sobre ellas. Si esta posición todavía le resultase tensa, deje descansar la cabeza y los hombros en el cabezal, colocando ambas manos sobre una rodilla.

Si le duelen las rodillas, sosténgalas con las manos y realice el ejercicio a su propio ritmo, o bien suprímalo por completo.

- ✓ **Mantenga la espalda plana sobre la colchoneta y los omóplatos bajos durante todo el ejercicio.**
- ✓ **Preste atención a la posición de las manos, ya que ellas le permitirán una correcta alineación del cuerpo.**
- ✓ **Mantenga quietos el tronco y la pierna doblada mientras estira la otra pierna.**
- ✓ **Procure que la pierna doblada se mantenga en ángulo de 90 grados, y que tanto el pie como la pantorrilla no empiecen a caer hacia el suelo.**

Alargamiento de columna haci

Beneficios corporales

- Trabaja los músculos abdominales.
- Constituye un gran alargamiento para la zona lumbar.
- Mejora la flexibilidad dorsal.
- Alarga la parte posterior de las piernas.
- Mejora la posición sentada.

Repeticiones: 3-5.

2 **Espire,** tirando de los abdominales y arqueando la columna hacia delante, vértebra a vértebra. Siga arqueándola hasta que forme la curvatura de la letra C. *Imagínese que tiene la columna recta contra la pared. Baja la cabeza y va apartando de la pared la parte superior de la espalda, después separa la parte central y, por último, la zona lumbar.* Trate de crear resistencia en el alargamiento tirando de sus abdominales, mientras se inclina hacia delante y tira de sus lumbares. La cabeza deberá caer por encima de los brazos siguiendo la curvatura de la forma en C.

1 Siéntese erguido con las piernas estiradas y alineadas a las caderas y con los pies flexionados, de manera que los dedos señalen al techo. Levante los brazos colocándolos paralelos a las piernas a la altura de los hombros, asegurándose de que los omóplatos se encuentran relajados y bajos. **Inspire.**

Puntos de observación

- ✗ **No levante demasiado los brazos; deben estar a la altura de los hombros.**
- ✗ **No mantenga recta la espalda cuando se eche hacia delante.**

elante

Advertencia

- Si tiene alguna lesión de espalda, haga el ejercicio bajo supervisión.
- Proceda cuidadosamente si tiene alguna rigidez en las lumbares.

3 **Inspire** y, después, **espire** tirando de los abdominales a medida que invierte el movimiento. Regrese hacia la pared imaginaria adoptando la postura sentada y erguida, haciéndolo vértebra a vértebra, primero con sus lumbares, después con la parte media dorsal y finalmente con la parte superior de la espalda y la cabeza. Siga tirando de los abdominales hasta que se encuentre en esa posición totalmente erguida. Concéntrese en mantener una espalda recta desde las caderas.

Transición: Mantenga los pies separados en la alineación con las caderas, y eleve los brazos hasta la altura de los hombros preparándose para La Sierra (véase pág. 90).

Modificaciones

Si advierte que hay mucha tirantez detrás de las rodillas, dóblelas ligeramente para que estén más relajadas. Si hay demasiada tirantez en sus lumbares, o le resulta incómodo sentarse erguido debido a que tiene unas lumbares o unas corvas tensas, doble ligeramente las rodillas y no se incline tanto. A medida que vaya adquiriendo mayor flexibilidad, vaya aumentando también el movimiento.

- ✓ **Mantenga un espacio entre la caja torácica y las caderas. Imagínese que está sosteniendo una pelota entre las piernas para no colapsar el tronco al inclinarse.**
- ✓ **Mientras se inclina, mantenga flexionados los pies y trate de empujar con los talones para mejor sentir el alargamiento en la parte posterior de las piernas.**
- ✓ **Cuide de que no haya tensión en el cuello durante todo el estiramiento. Deje que caiga la cabeza.**
- ✓ **Vuelva a adoptar la posición sentada y erguida sin oscilaciones hacia delante o hacia atrás; los omóplatos deberán estar bajos, y la coronilla deberá estirarse hacia el techo.**

La sierra

Beneficios corporales

- Alarga la cintura, las caderas y la parte posterior de los muslos.
- Mejora la rotación de la columna.
- Vacía y limpia los pulmones.

Repeticiones: 3-5 de cada lado, alternando los lados.

1 Siéntese erguido tratando de estirar hacia arriba la coronilla para alargar la columna hacia el techo. Extienda los brazos rectos hacia los lados, de forma que pueda tenerlos dentro de su campo de visión, con las palmas hacia abajo. Las piernas han de estar estiradas y abiertas, un poco más que la distancia existente entre caderas, con los pies flexionados.

2 **Inspire,** y vaya torciendo lentamente la parte superior del tronco desde la cintura. Deje que los brazos sigan el movimiento del cuerpo, hasta que el brazo más avanzado se encuentre sobre la pierna opuesta. Alargue la columna mientras realiza la rotación, cuidando de que tanto las caderas como las piernas sigan pegadas a la colchoneta.

3 **Espire,** tirando de los abdominales mientras se dobla hacia delante y lleva el brazo también hacia delante y hacia abajo, apuntando hacia el dedo meñique del pie. *Imagínese que está cortando el dedo meñique del pie con el meñique de la mano.* La otra mano ha de encontrarse extendida hacia atrás y a la altura de la que tiene enfrente.

Puntos de observación

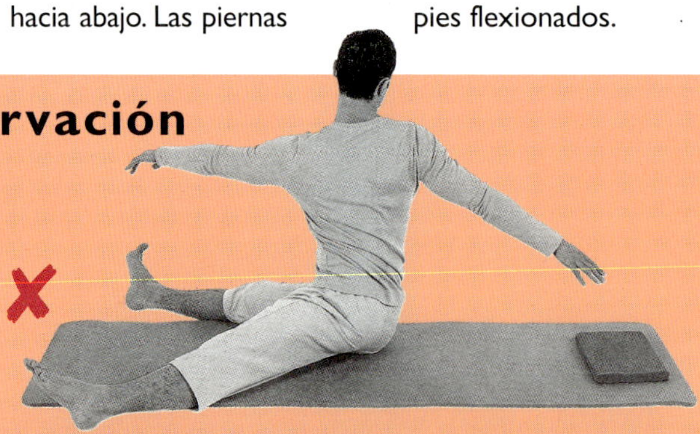

✗ **No gire las caderas.**

1 2 3

Advertencia

- Omita este ejercicio si tiene alguna lesión de cuello o de espalda.

4 **Inspire,** manteniendo la diagonal mientras gira, y haciéndolo vértebra a vértebra, hasta alcanzar la postura sentada normal. Inicie el movimiento desde el centro del cuerpo. A medida que se va levantando, eleve los brazos hasta que se encuentren a la altura de los hombros y paralelos al suelo.

5 **Espire,** tirando de los abdominales, y gire el cuerpo desde la cintura hacia el centro para adoptar el paso 1 de la posición inicial. Repita el jercicio hacia el otro lado.

Transición: Junte las piernas estiradas para el ejercicio Giro de Columna **(véase pág. 92).**

Modificaciones

Si el alargamiento resulta demasiado intenso para las corvas, o si le resulta incómodo sentarse tan erguido, doble ligeramente las rodillas para conseguir una elevación adicional.

- ✓ **Asegúrese de que hace los giros desde la cintura, y no desde los hombros o las caderas. Mantenga hacia delante los huesos de las caderas mientras hace el giro.**
- ✓ **La cabeza se inclina hacia delante conjuntamente con el cuerpo, manteniendo el cuello relajado.**
- ✓ **Haga rotar la columna para volver a la posición sentada, sin mantener recta la espalda. La cabeza deberá ser la última parte que se eleve.**

Giro de columna

Beneficios corporales

- Estira la columna.
- Alarga los músculos de las pantorrillas.
- Reduce la cintura.
- Expulsa el aire residual de los pulmones.

Repeticiones: 5 de cada lado, alternando los lados.

2 **Espire,** tirando de los abdominales; gire hacia un lado, haciendo una doble pulsión cuando llegue al punto máximo del giro. Mientras gira, mantenga quietas las caderas y trate de alargar la coronilla de la cabeza para estirar la columna, **Espire totalmente.** *Imagínese que está esprimiendo la columna mientras gira, como esprimiría el agua de una toalla.*

1 Siéntese erguido con los brazos estirados hacia los lados. Las palmas de las manos deben mirar hacia abajo y los omóplatos deberán estar bajos durante todo el ejercicio. Los brazos se encontrarán dentro de su campo de visión. Las piernas estiradas y los muslos juntos y suavemente apretados entre sí, con los dedos de los pies apuntando hacia el techo. **Inspire.**

Puntos de observación

- ✗ **No haga el giro desde los hombros, ni deje que el cuerpo caiga hacia delante.**
- ✗ **Los talones han de mantenerse alineados.**

Advertencia

- Omita el ejercicio si tiene algún problema dorsal.
- Si tiene hombros delicados, gire lo que pueda sin que le cause dolor.

3 **Inspire** girando hacia el centro.

4 **Espire,** tirando de los abdominales mientras gira hacia el otro lado y hace la pulsión doble. **Inspire** mientras regresa a la postura central.

Transición: Rote sobre un lado en línea recta para el ejercicio de Doble Elevación de Piernas (véase pág. 54). O bien, doble las rodillas e incline hacia atrás el tronco, vértebra a vértebra, de forma que esté tendido sobre la espalda para el ejercicio del Sacacorchos (véase pág. 116).

Modificaciones

Si advierte mucho estrés en las pantorrillas, o no puede sentarse con la columna erguida, doble ligeramente las rodillas para ayudarse.

- ✓ **Si uno de los talones se adelanta al otro, estará moviendo de forma incorrecta la cadera.**
- ✓ **El giro debe hacerse solamente desde la cintura, manteniendo las caderas hacia delante durante todo el ejercicio.**
- ✓ **Deje que la cabeza siga el giro de la columna. No fuerce la cabeza en el giro.**

Plancha

Beneficios corporales

- Fortalece particularmente la parte superior del cuerpo, tonificando y fortaleciendo el resto del cuerpo.
- Fortalece la espalda, pecho, hombros, parte posterior de los muslos, nalgas, músculos abdominales y brazos.

Repeticiones: 3.

2 Estire hacia atrás una pierna presionando la bola del pie sobre la colchoneta, alargando la pierna recta y dejando que el peso del cuerpo recaiga sobre ella.

1 Póngase a gatas con las manos rectas bajo los hombros. Mantenga también rectos los brazos, pero no cierre los codos. Las rodillas deben estar alineadas con las caderas.

Puntos de observación

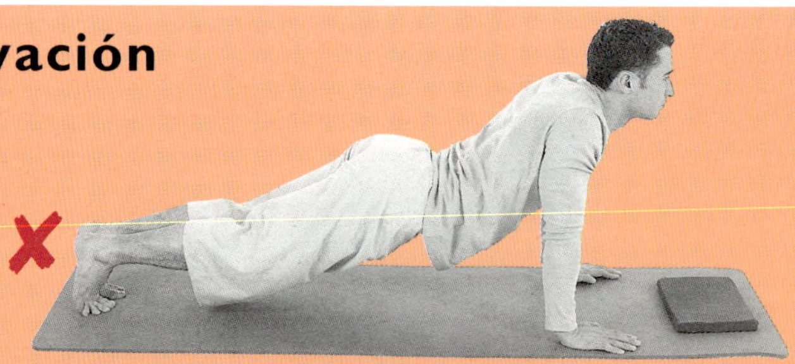

- ✗ **No deje que se hundan las caderas, perdiendo la línea diagonal.**
- ✗ **Evite que se contraigan los hombros.**

Advertencia

- Omita el ejercicio si tiene alguna lesión en hombros y codos.
- Omita también el ejercicio si tiene débiles las manos o las muñecas.

3 Alargue la otra pierna uniéndola a la primera y deje que el peso del cuerpo recaiga sobre las bolas de los dos pies. Estos deberán encontrarse juntos y las piernas se presionarán ligeramente una a otra. Tire hacia arriba de los abdominales para que soporten el peso del cuerpo durante el ejercicio. Los brazos se mantendrán rectos y los hombros bajos y alejados de las orejas. El cuerpo forma una plancha, una línea recta desde los hombros hasta los talones. *Imagínese que usted es una vara de acero que no puede doblarse.* Manténgase en esta posición durante 2-4 respiraciones. Doble las rodillas para descansar, y después repita el ejercicio otras dos veces.

Transición: Doble las piernas para volver a la posición inicial. Gire el cuerpo y siéntese erguido con las piernas estiradas frente a usted preparándose para la Plancha Invertida (véase pág. 96).

Modificaciones

Si todavía no tiene la fuerza necesaria para mantener la posición de la plancha, o nota que le duelen las muñecas, omita este ejercicio de momento.

- ✓ **Mantenga manos y pies firmemente sobre la colchoneta.**
- ✓ **Trate de estirar la coronilla para alargar la parte posterior del cuello. Este deberá encontrarse alineado con el resto de la columna. Mire hacia abajo.**
- ✓ **Apriete los muslos entre sí y deje que sean las nalgas las que mantengan «la vara de acero».**
- ✓ **A fin de mantener alineada la pelvis, remeta ligeramente el hueso púbico. No deje que el centro del cuerpo se levante ni se hunda.**

Plancha invertida

Beneficios corporales

- Estimula la fortaleza abdominal.
- Afirma y fortalece las nalgas y la parte posterior de los muslos.
- Fortalece el tronco superior.

Repeticiones: 3.

Siéntese erguido con las piernas estiradas al frente y las manos tras de usted, con los dedos señalando hacia el frente.

Presione entre sí, y durante todo el ejercicio, la parte interior de los muslos. **Inspire.**

Puntos de observación

✗ **No deje que se contraigan las caderas ni los hombros.**

✗ **No eche la cabeza hacia atrás.**

1 2 3

Advertencia

- Omita el ejercicio si tiene alguna lesión en hombros y codos.
- Omítalo también si tiene débiles las manos o las muñecas.

2 **Espire,** tirando de los abdominales, y presionando las caderas hacia el techo para establecer la posición de plancha invertida. Active la musculatura de las nalgas y mantenga bajos los omóplatos para establecer una línea recta desde los hombros hasta los pies. Mire hacia delante. *Imagínese que es una vara de acero que no puede doblarse.* Mantenga esta posición durante 2-4 respiraciones. Baje las caderas para descansar y repita dos veces más el ejercicio.

Transición: Baje lentamente las caderas y regrese a la posición 1. Presione la colchoneta con las manos que tiene colocadas a cada lado y levántese para adoptar la posición sentada de frente, preparándose para la Foca (véase pág. 98).

Modificaciones

Si el mantener esta posición resulta incómoda para sus manos y muñecas, trate de girar las palmas hacia fuera de modo que los dedos apunten hacia los lados. Si la postura mencionada todavía le resulta incómoda, omita de momento el ejercicio. En un principio mantenga la cabeza de forma que los ojos miren hacia delante. A medida que vaya progresando, procure mantener la cabeza y el cuello alineados con la columna.

- ✓ **Estire la coronilla hacia el techo para alargar la parte superior del cuello.**
- ✓ **Mantenga los omóplatos bajos.**
- ✓ **Emplee los abdominales y active los glúteos para mantener alzadas las caderas.**
- ✓ **Los talones deben estar bien pegados a la colchoneta, aunque los dedos de los pies necesiten levantarse levemente.**

La foca

Beneficios corporales

- Magnífico masaje para la columna.
- Mejora la flexibilidad de la columna.
- Fortalece la musculatura abdominal.
- Mejora el equilibrio y el control.
- Un magnífico ejercicio de enfriamiento.

Repeticiones: 5-10.

1 Siéntese en el borde de la colchoneta con las rodillas dobladas hacia el pecho y los talones juntos. Separe las rodillas para mantenerlas alineadas con los hombros y agarre la parte exterior de los tobillos con las manos. Arquee la espalda y rote un poco hacia atrás, de modo que los pies se separen de la colchoneta y usted se encuentre balanceándose sobre el cóccix. Baje suavemente la barbilla hacia el pecho.

Puntos de observación

✗ **No levante los hombros.**

✗ **No eche la cabeza hacia delante o hacia atrás, ni la deje caer sobre el cuello.**

1 2 3

Advertencia

- Si tiene alguna lesión de cervicales o de espalda, suprima este ejercicio.
- Realice el ejercicio con cuidado si tiene codos o muñecas débiles.

2 **Inspire,** rodando suavemente hacia atrás, vértebra a vértebra, hasta que la base de los omóplatos toque la colchoneta y su cintura se eleve hacia el techo. Golpee tres veces los talones entre sí, *como lo hacen las focas con sus patas*, manteniendo la barbilla hacia el pecho.

3 **Espire,** estirando sus abdominales y rotando hasta conseguir de nuevo la posición de balanceo del punto 1. Entrechoque los talones tres veces.

Modificaciones

Si le resulta difícil rotar hacia delante y hacia atrás, deje de momento los choques de los talones y concéntrese solamente en los abdominales para rotar el cuerpo en ambos sentidos. A medida que adquiera más soltura, añada los golpeteos al final del movimiento hacia delante. Posteriormente los añadirá al finalizar el movimiento hacia atrás.

✓ **Concéntrese en el balanceo al principio y final del movimiento.**

✓ **Utilice la respiración y el control de los abdominales para el movimiento hacia delante y hacia atrás. Procure no utilizar la fuerza.**

✓ **Mantenga los omóplatos bajos, y asegúrese de que sus lumbares están arqueadas durante el ejercicio.**

1

2

3

Un cuerpo enteramente nuevo

Beneficios después de 30 sesiones

Practique el Pilates aproximadamente durante treinta sesiones en el nivel que sea más adecuado para su cuerpo y descubrirá toda una nueva identidad, toda una nueva forma de moverse y también todo un nuevo cuerpo.

Beneficios exteriores

Después de treinta sesiones de ejercicios Pilates correctamente realizados, observará resultados auténticos:

- Parecerá más fuerte y estilizado. Estará empezando a reequilibrar su cuerpo, a tonificar los músculos febles y a alargar los abultados.
- Sus músculos abdominales se habrán hecho más firmes y lisos; las partes grasas de sus muslos exteriores se habrán corregido y las partes interiores de los mismos se habrán afianzado.
- Sus antebrazos parecerán más tonificados y las nalgas se habrán elevado y serán más firmes. En conjunto, se habrá convertido en el dueño de un físico más estilizado.

Algunas personas advierten que necesitan tallas menores después de treinta sesiones, sin que haya sido necesario perder peso. Los músculos de ahora ocupan menos espacio en su cuerpo que los gruesos de antes, y, tras treinta sesiones, habrá generado una nueva musculatura. Además, esa musculatura más lisa aumentará el metabolismo (el promedio de su consumo de grasas). Si combina también este programa de ejercicios con un método saludable para perder peso, podrá reducirlo en unos 10 kg, dependiendo de su peso.

- Con la nueva flexibilidad adquirida, observará que puede moverse con mayor soltura y que se han reducido muchos dolores y molestias. Se habrán relajado aquellos músculos que se encontraban siempre tensos, se aliviarán los dolores de espalda y se habrá aminorado la tensión en cuello y hombros. Sus articulaciones funcionarán mejor y le causarán menos problemas.

- Gracias a los ejercicios habrá conseguido un mayor grado de atención corporal y mejorado su alineación física. Descubrirá los malos hábitos existentes y reeducará el cuerpo. Se enseñará a sí mismo una nueva forma de moverse y desarrollará una postura mucho más juvenil.

Beneficios interiores

- Ahora se sentirá más descansado y relajado y, sin embargo, su mente se encontrará más alerta y abierta a nuevos retos. Después de todo, ya se está encontrando con nuevos retos cada vez que practica Pilates.

- El resultado final será que su autoestima habrá alcanzado una nueva dimensión. Se sentirá mucho más seguro y experimentará una profunda sensación de bienestar.

- También me atrevo a asegurarle que, después de 30 sesiones, habrá logrado encontrar un programa de ejercicios con el que realmente disfruta, y que sin duda querrá seguir practicando durante toda la vida.

Nivel 3 del programa

A estas alturas usted ya ha dominado los ejercicios del Nivel 2 y tiene una buena idea de lo que es el método Pilates. Por tanto, se halla dispuesto y preparado para ir más allá y pasar al Nivel 3.

Practique la secuencia de ejercicios del Nivel 3 tres veces por semana, dejando preferiblemente un día de descanso entre sesión y sesión. Realice los ejercicios siguiendo el orden establecido en el **Plan secuencial de ejercicios** (véanse págs. 104-105), añadiendo uno o dos de los nuevos cada vez que practique, y dejando de lado el resto, por el momento.

Ahora usted se encuentra en el Nivel Medio de Pilates. Muchos de los ejercicios que aprendió en los Niveles 1 y 2 se repiten en este Nivel 3, si bien algunos de ellos se han modificado para hacerlos más difíciles. También hay algunos otros ejercicios nuevos para los cuales va a tener que mejorar su flexibilidad y esos músculos que ya ha desarrollado.

Recuerde que siempre que vaya a realizar un ejercicio debe leer cuidadosamente todas las instrucciones. Trate de hacer una repetición, y si encuentra que se le hace muy dura, practique la versión modificada. Una vez que haya dominado esa versión modificada, estará preparado para realizar sin problemas la versión normal.

Si alguno de los ejercicios comprendidos en el Nivel 3 se le hace demasiado difícil; si siente algún tipo de molestia o dolor corporal, o bien tiene algún problema físico o limitación corporal que le impida realizar algún ejercicio en concreto, páselo de momento por alto y vuelva a intentarlo más tarde cuando tenga más fuerza y mayor flexibilidad. De no ser así, mantenga el orden establecido en el programa, puesto que ha sido concebido para proporcionarle un desarrollo equilibrado.

Recuerde los principios Pilates

A medida que vaya avanzando en su práctica, procure incorporar a su trabajo los seis **Principios Pilates** fundamentales (véase pág. 22). Cada vez que practique, escoja uno de ellos para concentrarse en él:

Respiración
Concentración
Control
Centramiento
Precisión
Fluidez

Una vez que se sienta cómodo con la práctica de los ejercicios, quizá desee adelantar un poco. Recuerde que Pilates siempre se centra en la calidad de los movimientos. Por consiguiente, no pretenda ir tan deprisa que tenga que sacrificar esa calidad; pero si se siente capaz de realizar los movimientos más rápidamente, hágalo; desafíese a sí mismo un poco más.

Recuerde utilizar las transiciones, de modo que los ejercicios fluyan de forma suave de uno a otro, haciendo así de toda la sesión un único y prolongado movimiento.

Practique Pilates unas treinta veces y descubrirá que ha adquirido un cuerpo enteramente nuevo; de hecho, usted mismo será también una persona totalmente nueva.

Nivel 3: Plan secuencial de ejercicios

Este plan de ejercicios incluye la mayoría de los que ya aprendió en los Niveles 1 y 2, pero algunos de ellos han sido modificados para hacerlos un poco más complicados. Hay también otros nuevos que le cambiarán el cuerpo. A medida que vaya avanzando, no se olvide de echarle, de vez en cuando, un repaso a las instrucciones, para asegurarse de que está teniendo en cuenta todos los Puntos de Observación, y también para comprobar si ahora puede optar a una versión modificada que sea más avanzada.

1

Inclinación pelviana pág. 40

2

Lado a lado pág. 74

3

Elevación de pecho pág. 46

7

Rodar como una pelota pág. 82

8

Doble alargamiento de piernas * pág. 112

9

Alargamiento simple de pierna pág. 86

13

Giro de columna pág. 92

14

Sacacorchos * pág. 116

15

Doble elevación de piernas pág. 54

19

Golpe simple de pierna * pág. 120

20

Golpe doble de pierna * pág. 122 **(+ posición de descando)** pág. 63

21

Plancha pág. 94

* Ejercicios nuevos.

4

Elevación de pecho * pág. 106

5

Enrollamiento * pág. 108

6

Círculos con una pierna pág. 78

10

Cruce del principiante * pág. 114

11

Alargamiento delantero de columna pág. 88

12

Sierra pág. 90

16

Golpe lateral * pág. 118

17

Elevación exterior del muslo pág. 56

18

Elevación interior del muslo pág. 58

22

Plancha invertida pág. 96

23

Foca pág. 98

Elevación de Pecho

Beneficios corporales

- Máximo fortalecedor de los abdominales.
- Fortalece la espalda superior y los músculos pectorales.
- Estimula la circulación.
- Genera vitalidad.

1 Tiéndase sobre la espalda con las rodillas dobladas y los brazos a los costados, con las palmas hacia abajo. Doble las rodillas trayéndolas hacia el pecho. Elongue la parte posterior del cuello y mantenga los omóplatos bien encajados en su espalda. **Inspire** y después **espire** estirando sus abdominales.

2 **Inspire,** manteniendo activados los abdominales e iniciando desde ellos la rotación de la cabeza y de los hombros, elevándolos de la colchoneta y llevándolos hacia el esternón. Estire los brazos hasta que sobrepasen las caderas, manteniendo bajos los omóplatos y el cuello relajado.

3 **Espire,** estirando un poco más los abdominales y levantando las piernas rectas hacia el techo. Mantenga unidas las partes internas de los muslos. *Imagínese que tiene sobre el estómago un gran peso que lo hunde en el suelo.* Mire hacia su ombligo.

Puntos de observación

- ✗ **No alce la espalda demasiado de la colchoneta.**
- ✗ **No deje que los hombros suban hacia las orejas.**

Advertencia

- Este es un ejercicio difícil. Si advierte alguna molestia en la zona lumbar, omítalo. Si sigue sintiendo tensión en esa zona incluso con la versión modificada, omita el ejercicio hasta que pueda realizarlo sin arquear la espalda ni abultar la musculatura abdominal.

4 Empiece a mover vivamente los brazos arriba y abajo como un aleteo, iniciando el movimiento desde los omóplatos.

Inspire durante cinco movimientos y **espire** durante otros cinco. Mueva los brazos 100 veces (10 ciclos completos de respiración).

Transición: Doble las piernas hacia el pecho, rotando cabeza y hombros hacia abajo, preparándose para el ejercicio de Enrollamiento (véase pág. 108).

Modificaciones

Quizá no le sea posible realizar al principio los 100 movimientos. Empiece con 50 y vaya aumentándolos cada vez que haga el ejercicio. Si se le arquea la espalda o advierte alguna tensión en la zona lumbar, doble las rodillas mientras realiza el aleteo. Cuando adquiera mayor práctica, coloque las piernas en ángulo de 90 grados. Una vez que realice cómodamente el ejercicio con las piernas estiradas, baje las piernas para aumentar el grado de dificultad del ejercicio. Vaya avanzando hacia un ángulo de 45 grados. Si siente alguna tensión en el cuello, baje la cabeza y descanse durante un rato antes de empezar nuevamente. Si todavía sigue sintiendo tensión, coloque las manos detrás de la cabeza y soporte su peso sobre ellas, mientras mantiene la posición durante 10 ciclos respiratorios.

- ✓ **Mantenga la espalda sobre la colchoneta y los omóplatos bajos.**
- ✓ **Asegúrese de que no existe tensión en el cuello. Trate de llevar el cuerpo doblado hacia el esternón utilizando los abdominales, no empujando el cuello hacia delante.**
- ✓ **Realice los movimientos de aleteo de forma viva y corta, sin que superen la parte media del muslo. Mantenga los brazos cerca del cuerpo.**
- ✓ **Respire suavemente por la nariz y expulse el aire por la boca.**

Enrollamiento

Beneficios corporales

- Fortalece la musculatura abdominal.
- Alarga la espalda para mejorar la flexibilidad.
- Estimula la buena articulación dorsal.
- Alarga la musculatura posterior de los muslos.

Repeticiones: 3-5.

2 **Inspire** manteniendo activados los abdominales mientras eleva los brazos hacia delante, rotando la cabeza y los hombros que se separan de la colchoneta para dirigirse hacia el esternón. Asegúrese de que los omóplatos están bajos y que la base de los mismos sigue tocando la colchoneta.

1 Tiéndase sobre la espalda con las rodillas dobladas y pies y rodillas juntos. Levante los brazos por encima de la cabeza, hasta llegar al nivel de las orejas. Presione la parte interna de los muslos entre sí. **Inspire,** y luego **espire,** estirando los abdominales.

1 2 3

Advertencia

- Omita este ejercicio si tiene alguna lesión de espalda.

3 **Espire** estirando los abdominales a medida que va enrollando el cuerpo y separándolo de la colchoneta, vértebra a vértebra. Procure crear la curvatura de la letra C con su columna a medida que se va elevando, estirando los abdominales cada vez más fuertemente según se eleva.

4 Siga enrollándose hacia delante mientras continúa **espirando** y alargando los brazos paralelos a la colchoneta y los dedos sobre los tobillos. Cuando los dedos hayan sobrepasado las rodillas, alargue las piernas flexionando los pies, mientras sigue estirándose hacia delante. *Imagínese que está rotando sobre una pelota que se encuentra bajo sus muslos.* Probablemente sentirá el alargamiento de la parte posterior de los muslos.

Enrollamiento (continuación)

5 Invierta el movimiento. **Inspire** a medida que va echándose hacia atrás y hasta que los hombros estén a la altura de las caderas. Vuelva a doblar las rodillas.

6 **Espire,** estirando los abdominales. Continúe este movimiento fluido llevando hacia atrás la columna, vértebra a vértebra, hacia la colchoneta. Siga manteniendo la curvatura en C de la espalda.

Sentirá cómo la pelvis se desliza bajo usted a medida que va echándose hacia atrás, manteniendo siempre los omóplatos bajos. Ahora usted se encuentra nuevamente en la posición 3.

Puntos de observación

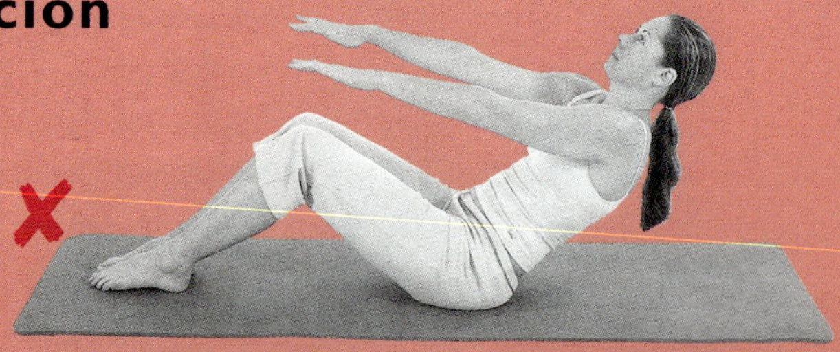

- ✗ **No enderece la espalda, debe mantener la curvatura de la C.**
- ✗ **No deje que sobresalga su musculatura abdominal cuando se eleva.**

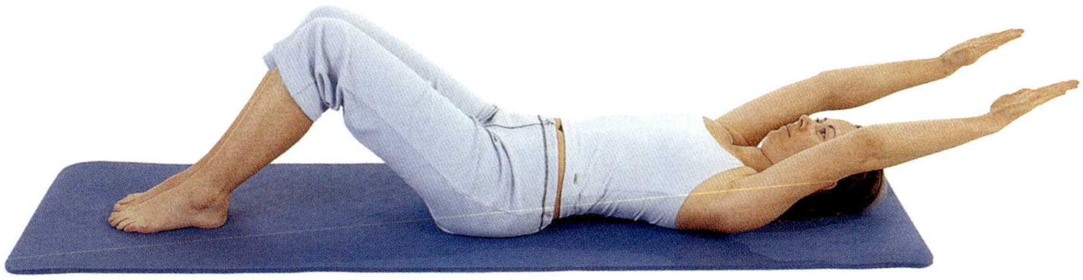

7 Una vez que los hombros lleguen a la colchoneta, siga **espirando** y lleve los brazos por encima de la cabeza bajando esta para repetir la posición 1. Repita los pasos 2-7 según las repeticiones establecidas.

Transición: Baje los brazos hacia los costados preparándose para Círculos con una Pierna (véase pág. 78).

Modificaciones

Si siente tensión en la espalda, o advierte que su musculatura abdominal se ha esforzado y sobresale cuando se eleva, entrelace las manos por detrás de los muslos para ayudarse. Si todavía así encuentra demasiado difícil el ejercicio, haga el de Rotación (véase pág. 76) hasta que adquiera mayor fuerza y flexibilidad. Si nota que puede hacer el ejercicio de Rotación fácilmente, esfuércese un poco más estirando las dos piernas para hacer el ejercicio completo. No se olvide de mantener apretadas entre sí las partes interiores de los muslos durante el ejercicio.

- ✓ **Manténgase en posición neutral durante el Paso 1. Cuide de que no se arquee la espalda o que sobresalgan las costillas cuando extiende los brazos sobre la cabeza.**
- ✓ **Mantenga la barbilla inclinada hacia el pecho y los omóplatos bajos. No emplee los hombros para lavantarse.**
- ✓ **Cuando se extienda hacia delante, mantenga un espacio entre las caderas y la caja torácica, de modo que se curve pero no se deje caer.**

Doble alargamiento de piernas

Beneficios corporales

- Fortalece la musculatura abdominal para conseguir un estómago más liso y tonificado.
- Alarga los miembros para lograr una figura más estilizada.
- Mejora la circulación, reduce las toxinas del cuerpo y favorece la relajación.

Repeticiones: 5-10.

1 Tiéndase sobre la espalda y doble las rodillas llevándolas hacia el pecho. Las manos deben colocarse sobre las tibias, manteniendo los codos abiertos. **Inspire.**

2 **Espire,** estirando sus abdominales y despegando cabeza y hombros de la colchoneta, manteniendo bajos los omóplato y la barbilla inclinada hacia el pecho. Observe cómo la espalda se va alargando sobre la colchoneta.

3 **Inspire**, manteniendo activados los músculos abdominales para que soporten la columna, y alargando el cuerpo en direcciones opuestas. Las piernas se extenderán en ángulo de 45 grados, mientras que los brazos se encontrarán levantados por detrás de usted, hasta que se encuentren alineados con las orejas. *Imagínese que tiene el tronco pegado a la colchoneta y los miembros alejándose de ella.*

Puntos de observación

✗ **No baje la cabeza ni los hombros cuando lleva los brazos hacia atrás. Mantenga la barbilla hacia el pecho.**

✗ **No arquee la espalda.**

4 **Espire,** estirando de nuevo los abdominales, mientras eleva en círculo los brazos y continúa haciendo ese círculo llevando las manos hasta las tibias.

5 Las piernas se hallan dobladas hacia atrás mientras regresa a la posición inicial, manteniendo la cabeza y los hombros levantados y las manos descansando sobre las tibias (Paso 2). Repita los pasos 3-5 según las repeticiones establecidas.

Transición: Baje la cabeza y los hombros doblando las piernas, de modo que las tibias se encuentren paralelas a la colchoneta, preparándose para el ejercicio Alargamiento Simple de Pierna (véase pág. 86).

Advertencia

- Si tiene alguna lesión dorsal o problemas discales, haga el ejercicio con precaución.
- Reduzca la dimensión de los círculos de los brazos si tiene hombros delicados.
- Si siente tensión en el cuello, descanse la cabeza sobre el cabezal durante un momento; o bien descanse la cabeza sobre un par de almohadas y realice el ejercicio en esta posición hasta que adquiera mayor soltura.

Modificaciones

Si advierte que está arqueando la espalda o que está trabajando con las lumbares, eleve las piernas rectas hasta un ángulo de 90 grados y mantenga los dedos de los pies apuntando al techo. A medida que se sienta más fuerte, vaya avanzando en el ejercicio hasta colocar las piernas en ángulo de 45 grados.

- ✓ **Mantenga las piernas estiradas y muy juntas, presionando entre sí las partes interiores.**
- ✓ **Asegúrese de que sus lumbares están pegadas a la colchoneta durante el ejercicio, utilizando para ello su musculatura abdominal.**
- ✓ **Mantenga quieto el tronco. Solamente deben moverse los brazos y las piernas.**

Cruce del principiante

Beneficios corporales

- Activa la musculatura abdominal.
- Reduce la cintura.
- Alarga las piernas.

Repeticiones: 5-10, alternando los lados.

2 **Espire,** estirando los abdominales mientras tuerce la parte baja del tórax para llevar un codo sobre la rodilla opuesta. Mientras hace este movimiento, extienda la otra pierna manteniéndola en un ángulo de 45 grados.

1 Tiéndase sobre la espalda y doble las rodillas de modo que los muslos mantengan un ángulo de 90 grados con la colchoneta, y las tibias estén paralelas con aquella. Entrelace los dedos y coloque las manos detrás de la cabeza.

Inspire, y después **espire,** estirando los abdominales para elevar la cabeza y los hombros de la colchoneta, y manteniendo bajos los omóplatos. **Inspire** manteniendo estirados los abdominales.

Puntos de observación

✗ **No se tuerza desde los hombros, sino que debe centrarse en hacerlo desde la parte inferior del tórax.**

1 2 3

Advertencia

- Si tiene alguna lesión dorsal, omita este ejercicio.

3 **Inspire,** manteniendo activados los abdominales mientras tuerce la parte inferior del tórax para llevar de nuevo el tronco al centro, doblando de nuevo la pierna estirada. Asegúrese de que mantiene abiertos los codos durante el ejercicio.

4 **Espire** mientras tuerce el tronco hacia el lado opuesto, estirando la otra pierna. *Imagínese que en cada ocasión su tronco está clavado al suelo, de manera que usted no puede rotar desde las caderas.*

Transición: Doble las rodillas hacia su pecho y baje la cabeza y los hombros. Baje los pies hacia la colchoneta manteniendo las rodillas dobladas en ángulo de 90 grados. Levante los brazos para realizar el ejercicio de Rotación (véase pág. 108) y dispóngase a sentarse para la preparación del ejercicio Alargamiento de Columna (véase pág. 88).

Modificaciones

Si este ejercicio le resulta difícil, baje la cabeza y déjela descansar sobre la colchoneta en cada inspiración (Paso 3), hasta que adquiera más fuerza en sus músculos oblicuos.

- ✓ **Mantenga la pierna estirada en ángulo de 45 grados. No deje que caiga hacia el suelo.**
- ✓ **Mantenga los codos abiertos, de modo que no se plieguen hacia dentro o toquen la colchoneta.**
- ✓ **Controle el movimiento lenta y suavemente; no deje oscilar la parte superior del cuerpo.**

Sacacorchos

Beneficios corporales

- Fortalece los abdominales.
- Afirma la parte interior de los muslos.
- Fortalece la parte exterior de los muslos y de las nalgas.
- Estira la espalda.
- Mejora el equilibrio.

Repeticiones: 5 círculos de cada lado, alternando la dirección.

1 Tiéndase sobre la espalda con los brazos a los costados. Presione las palmas sobre la colchoneta para conseguir mayor estabilidad. Levante las piernas rectas hasta un ángulo de 90 grados respecto a la colchoneta. Gire las piernas hacia fuera (véase pág. 27) activando la musculatura inferior de las nalgas, al igual que los músculos de la parte interior de los muslos.

2 **Inspire** y lleve las piernas hacia un lado sin inclinar el cuerpo. *Imagínese que su tronco está enraizado en el suelo.*

3 **Espire,** estirando los abdominales mientras hace girar en círculos las piernas desde la cintura.

Puntos de observación

- ✗ **No levante las caderas y mantenga la zona lumbar pegada a la colchoneta durante todo el ejercicio.**
- ✗ **No levante los hombros ni la barbilla.**

4 **Continúe espirando** mientras sigue haciendo el círculo hacia el otro lado.

5 **Continúe espirando** mientras retrae las rodillas hacia atrás y al centro. Este movimiento es dinámico y debe hacerlo poniendo el énfasis en la espiración.

Advertencia

- Omita este ejercicio si tiene alguna lesión de espalda.
- Si siente tensión en la región lumbar, deje este ejercicio hasta que adquiera más fuerza.

6 Para invertir el movimiento, **inspire** y lleve las piernas hacia el otro lado. **Espire,** estirando los abdominales, y haciendo girar las piernas y llevándolas al centro.

Transición: Lleve las piernas hacia dentro y después extiéndalas sobre la colchoneta. Gire hacia un lado, preparándose para la Doble Elevación de Piernas (véase pág. 54).

Modificaciones

Si sus músculos abdominales sobresalen, o se arquea la espalda cuando llega al punto más bajo del círculo, levante más las piernas para mantener su estabilidad central.

A medida que mejore su técnica podrá hacer un poco más difícil el ejercicio aumentando el círculo, pero sin sacrificar la estabilidad.

- ✓ **Relaje el cuello y mantenga bajos los omóplatos a fin de conservar la estabilidad, mientras hace los círculos con las piernas.**
- ✓ **Procure tener las piernas bien levantadas hacia el techo mientras realiza los círculos.**
- ✓ **Haga girar las piernas de forma dinámica, concentrándose en mantener el círculo elevado.**
- ✓ **Cuando llegue al punto inferior del círculo, asegúrese de que sus abdominales no sobresalen y de que su espalda no se arquea.**

Golpe lateral

Beneficios corporales

- Tonifica las nalgas.
- Fortalece las caderas.
- Afirma los muslos.
- Hace más esbeltas las piernas.

Repeticiones: 10 de cada lado.

2 **Inspire** y golpee con su pierna superior, llevándola hacia delante lo más que pueda sin cambiar la posición del tronco. En esta posición dé un nuevo golpe cuando llegue al final del movimiento de la pierna.

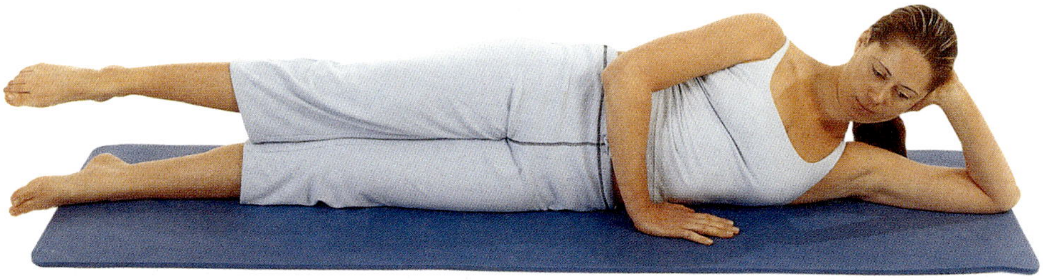

1 Tiéndase de costado cuidando de que las caderas se encuentren debidamente alineadas, una sobre otra. La oreja, la parte media del hombro, la cadera y el tobillo deben estar en línea recta. Los pies señalan hacia abajo. Lleve ahora de forma suave las piernas hacia delante. Levante la cabeza sosteniéndola con la mano y asegurándose de que el codo se encuentra alineado con el resto del cuerpo. Doble su brazo superior y coloque la mano enfrente de usted y sobre la colchoneta para ayudar a su equilibrio. Asegúrese de que los hombros están bajos y que el cuello se encuentra relajado. Gire las piernas hacia fuera (véase pág. 27) sin mover las caderas, activando la musculatura inferior de las nalgas. Levante un poco la pierna superior para que se encuentre alineada con la cadera superior.

Puntos de observación

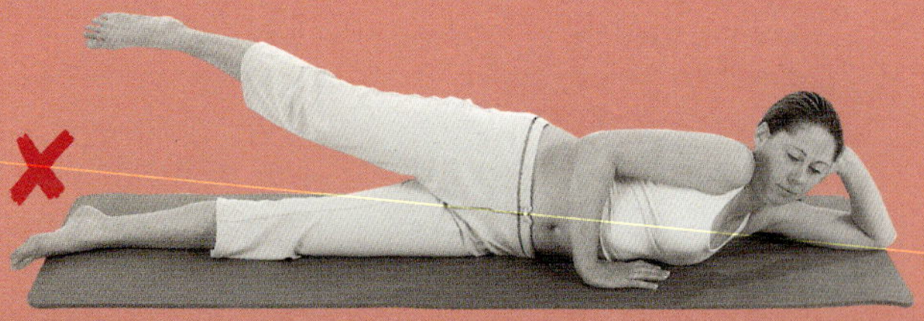

- ✗ **No deje que las caderas y los hombros se contraigan.**
- ✗ **No deje que la pierna se eleve por encima de la cadera.**

Advertencia

- Si tiene alguna lesión de cuello o de espalda, realice este ejercicio bajo supervisión.

3 **Espire,** estirando los abdominales, manteniendo giradas hacia fuera las piernas mientras lleva hacia atrás la pierna superior, alargando la parte anterior de la cadera. *Imagínese que su pierna se mueve como un péndulo.*

Asegúrese de que no inclina el cuerpo hacia delante mientras oscila, y que la pierna sigue alineada con la cadera. Lleve la pierna hacia atrás lo más posible sin comprometer la posición de su tronco.

Transición: Doble la pierna inferior hacia delante para realizar la Elevación Exterior del Muslo **(véase pág. 56).**

Modificaciones

Si no logra mantener una postura firme, de manera que no le sea posible tener el hombro superior alineado con el inferior, y la cadera superior alineada con la inferior, reduzca el golpe hasta que adquiera más estabilidad.
Si nota algún dolor o tensión en el cuello o en los hombros, o si tiene unas muñecas o unos codos delicados, extienda su brazo inferior a lo largo de la colchoneta y deje descansar la cabeza sobre él. Incluso puede añadir un cojín entre la cabeza y el brazo para mayor apoyo.

- ✓ **Mantenga totalmente quieto el resto del cuerpo mientras hace oscilar la pierna hacia delante y hacia atrás; emplee los abdominales para mantener la estabilidad corporal.**
- ✓ **Cuide de que tanto caderas como hombros no se muevan en absoluto hacia delante o hacia atrás.**
- ✓ **Elongue el cuello y no lo hunda entre los hombros.**
- ✓ **Procure utilizar la musculatura de nalgas (glúteos) y los músculos posteriores del muslo para llevar la pierna hacia atrás.**

Golpe simple de pierna

Beneficios corporales

- Tonifica la parte posterior de los muslos.
- Alarga la parte delantera de los muslos, por lo general abultada.
- Fortalece la musculatura dorsal.
- Alarga la parte delantera de las caderas.
- Tonifica la musculatura de brazo y del pecho.
- Aumenta la flexibilidad de la columna.

Repeticiones: 6-10 de cada lado, alternando los lados.

1 Tiéndase boca abajo con los brazos doblados en ángulo recto y las palmas apoyadas en la colchoneta. Debe mantener los codos de modo que se encuentren bajo los hombros y los brazos paralelos y presionando sobre la colchoneta. Levante el esternón y deje ir los omóplatos hacia abajo, bien metidos en la espalda. **Inspire,** y después **espire**, estirando los abdominales y manteniéndolos levantados para que protejan su zona lumbar. Apriete entre sí la parte interior de los muslos. **Inspire.**

Puntos de observación

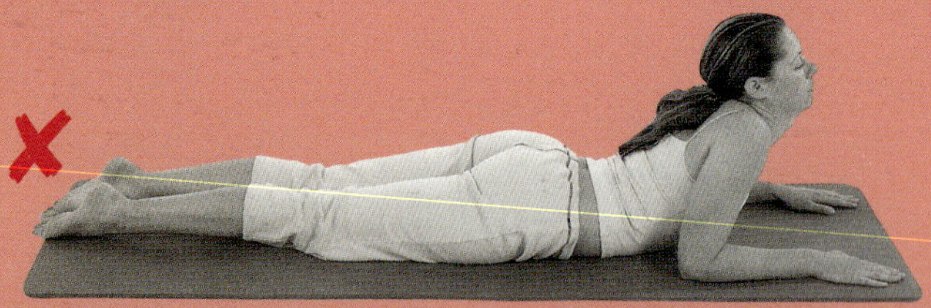

✗ **No contraiga la parte superior del tronco, pero mantenga estirados los abdominales durante el ejercicio.**

✗ **No levante los hombros.**

1 2 3

2 **Espire,** estirando los abdominales y golpeando con la pierna hacia el centro; dé un nuevo golpe al llegar al final del movimiento (cerca de las nalgas). *Imagínese que trata de golpear la nalga con el talón.*

Advertencia

- Si tiene algún tipo de lesión dorsal o padece de alguna limitación como la espondilitis, omita este ejercicio.
- Si tiene dolor en la rodilla o en el codo, omita el ejercicio.
- Si le duele la parte baja de la espalda, suspenda el ejercicio inmediatamente.

3 Cambie de pierna y golpéela hacia el centro, **espirando** al mismo tiempo. Alargue la pierna opuesta que no está golpeando. La inspiración entre los golpes debe ser muy corta.

Transición: Baje la cabeza y los hombros. Gire la cabeza hacia un lado y ponga los brazos a la espalda, preparándose para el Golpe Doble de Piernas (véase pág. 122).

Modificaciones

Si el movimiento de los golpes le produce calambres en el hueco poplíteo (corva), reduzca el movimiento y hágalo más lento.

- ✓ **El presionar los brazos contra la colchoneta y dejar que los omóplatos estén bajos y bien metidos en la espalda le ayudará a mantenerse erguido.**
- ✓ **El ejercicio resulta más beneficioso si se realiza de una forma dinámica. Para intensificarlo, procure no dejar que la pierna extendida descanse sobre la colchoneta, déjela un poco por encima de ella.**
- ✓ **Sienta que el hueco de la corva está estirado y que los cuádriceps se alargan cuando dobla la pierna, manteniendo todo el tiempo la parte interior de los muslos y las rodillas juntas.**
- ✓ **Elongue la parte posterior del cuello y mire hacia delante.**

Golpe doble de pierna

Beneficios corporales

- Fortalece la espalda.
- Distiende el pecho.
- Aumenta la flexibilidad dorsal.
- Fortalece la parte posterior de los muslos y nalgas.
- Alarga la parte delantera de los muslos, por lo general abultada.

Repeticiones: 5 de cada lado, alternando los lados.

2 **Espire,** estirando los abdominales más profundamente, mientras aprieta entre sí las nalgas y la parte interior de los muslos. Golpee los talones hacia las nalgas tres veces. *Imagínese que es un delfín que está aleteando la cola para nadar.*

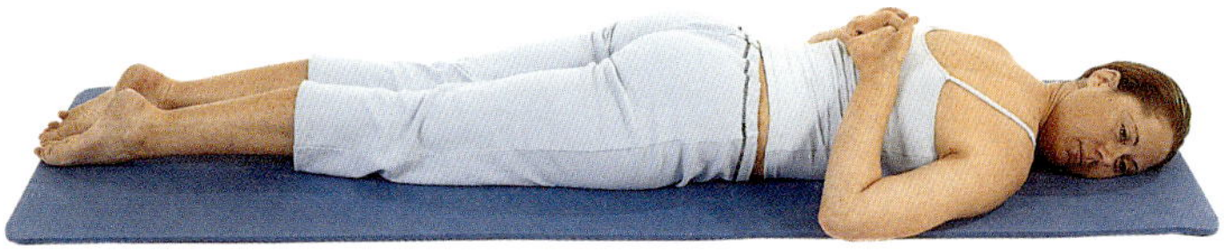

1 Tiéndase estirado boca abajo, dejando que una mejilla descanse sobre la colchoneta. Entrelace los dedos y colóquelos sin forzar a la espalda, lo más cerca posible de los omóplatos, manteniendo los codos y la parte anterior de los hombros sobre la colchoneta. Las palmas de las manos mirarán hacia arriba. **Inspire** y **espire,** estirando los abdominales y manteniéndolos levantados durante el ejercicio. **Inspire.**

Puntos de observación

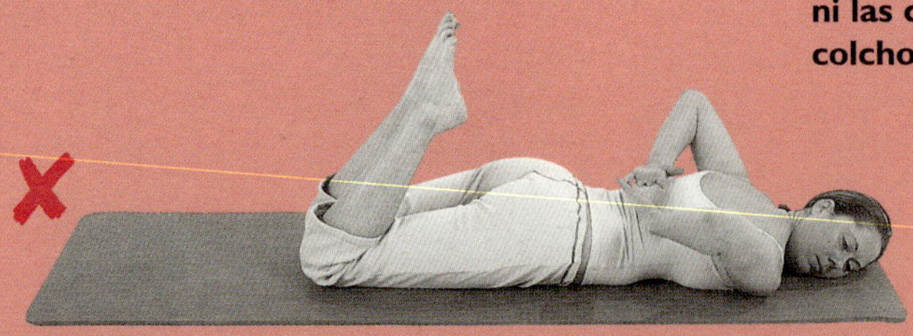

- ✗ **No levante los codos ni las caderas de la colchoneta.**
- ✗ **Recuerde que no debe relajar los abdominales cuando eleve la parte superior del cuerpo, para que su columna se vea protegida. No debe sentir tensión en la parte baja de la espalda.**

1 2 **3**

Advertencia

- Si tiene algún tipo de lesión en la espalda o padece de espondilitis, omita este ejercicio.
- Omita el ejercicio si tiene problemas en los hombros o en las clavículas.
- Si tiene débiles las muñecas, los codos o las rodillas, realice este ejercicio con cuidado.
- Si siente dolor o tensión en la parte inferior de la espalda, suspenda el ejercicio.

3 **Inspire,** manteniendo estirados los abdominales y elevando de la colchoneta la parte superior del cuerpo; estire seguidamente brazos y piernas. Concéntrese en mirar hacia delante. Dado que mantiene las manos a la espalda lo más alejadas posible, sentirá cómo se alargan los pectorales.

4 **Espire** a medida que baja el cuerpo, doblando nuevamente los brazos y girando la mejilla. **Continúe espirando** mientras vuelve a elevar las rodillas y da tres golpecitos. Repita los pasos 3-4 las repeticiones requeridas.

Transición: Rote para adoptar una posición arrodillada y siéntese en el borde de la colchoneta para hacer la Foca (véase pág. 98).

Modificaciones

Si no le resulta posible mantener los codos y los hombros tocando la colchoneta cuando está yaciendo sobre ella, baje un poco más en la espalda las manos entrelazadas.

5 Siéntese sobre los talones durante 30 segundos en la Posición de descanso (véase pág. 63) para dar un suave estirón a la parte inferior de la espalda.

- ✓ **Procure alargar suavemente la parte superior del cuerpo mientras se eleva, en lugar de arquear la espalda.**
- ✓ **Mantenga elongada la parte posterior del cuello, alargándolo lo más posible para que no se contraiga.**
- ✓ **Céntrese en utilizar la musculatura de la parte posterior de los muslos y de las nalgas al dar los tres golpecitos.**
- ✓ **Asegúrese de que tanto las piernas como los pies tocan la colchoneta cuando alarga los brazos por encima de las nalgas.**

Continuando con la práctica diaria

Ya lo ha hecho. Ya ha practicado sus treinta primeras sesiones de Pilates y se encuentra plenamente convencido del potencial que tiene este método. Usted ya tiene un mejor aspecto, se siente mejor y se encuentra indiscutiblemente enganchado al método. ¿Adónde va a ir ahora para seguir con el siguiente nivel?

Ante todo, siga utilizando este libro. Siga practicando hasta que pueda realizar con fluidez todos los ejercicios. Tenga presentes los seis principios y continúe mejorando su técnica. Cuando haya dominado los ejercicios de este libro, ya se encontrará bien instalado en el Nivel Medio.

Encontrar un instructor

Si todavía no lo ha hecho, sería una buena idea que contratase algunas clases particulares con un buen instructor Pilates que pudiera revisar su técnica y corregir algunas deficiencias de las cuales tal vez no se haya dado cuenta, para que le enseñe a superarlas sin esfuerzo.

Si desea seguir progresando, será conveniente que practique el resto de los ejercicios del Nivel Medio para pasar posteriormente a los del Nivel Avanzado. Sería una buena idea que se apuntase a un curso de instructor Pilates con un buen profesional que supervisase su preparación. Este tipo de clases es fácil de conseguir. Pero antes de empezar es conveniente que compruebe unas cuantas cosas. Asegúrese de la experiencia de su instructor. La mayoría de los buenos cursos de entrenamiento duran aproximadamente un año. No se fíe de nadie que pretenda darle un curso de entrenamiento de un par de semanas. Compruebe también cuántos alumnos van a participar en el curso, porque es conveniente que la clase que escoja no tenga más de una docena de alumnos. Si las clases son más numerosas, no logrará la supervisión adecuada, ni rentabilizará su dinero.

El Estudio Pilates

También es posible que quiera recibir clases en un Estudio Pilates. No se asuste cuando entre en uno de ellos por primera vez. Sí, es cierto que puede parecer que se ha metido en una cámara de tortura medieval, pero tranquilícese porque allí no le van a hacer ningún daño. De hecho, es algo con lo que va a disfrutar y que le va a resultar profundamente relajante.

Los ejercicios, en un Estudio Pilates, están concebidos para que pueda realizarlos en aparatos especiales creados para poner a prueba su cuerpo a un nivel diferente.
Este tipo de aparatos fueron diseñados por Joseph Pilates y tienen unos nombres muy llamativos, como «El Cadillac», «El Reformador» y la «Silla de Wunda».

Cuando realiza los ejercicios en su casa sobre la colchoneta, está empleando la fuerza de la gravedad y su propio cuerpo como elementos de resistencia. Los aparatos Pilates están provistos de correas, poleas y bandas que sirven para crear una mayor resistencia, de forma que su cuerpo se enfrenta a una mayor oposición, lo que le proporcionará una mejor alineación. Las clases en estos estudios pueden ser privadas o semiprivadas. Estas últimas incluyen grupos reducidos de estudiantes que son supervisados por el instructor mientras realizan sus respectivos ejercicios.

Pero más importantes que los aparatos existentes en un Estudio Pilates son los propios instructores. La atenta mirada del instructor lo guiará a lo largo de todo el programa de forma indiviudal y personalizada, de acuerdo con su fuerza y sus propias características. Escoja ese instructor con sumo cuidado. Además de asegurarse de su competencia y profesionalidad, deberá elegir a una persona con la que se sienta cómodo y a la que pueda hacerle preguntas libremente. En el método Pilates el instructor interviene frecuentemente, por lo que es conveniente que usted esté en un estudio en el que se sienta relajado con su instructor, mientras este lo pone a prueba para desarrollar todo el potencial que tiene su cuerpo.

Pilates le proporcionará una serie de pruebas nuevas y duraderas. Usted conseguirá el mejor físico posible, se mejorará su salud, se reducirá su estrés y usted se sentirá más joven y feliz. Y lo mejor de todo es que usted podrá seguir practicando Pilates a lo largo de su existencia. Pilates es un viaje personal. ¡Hágalo durante toda la vida!

Glosario

Alargamiento
Es una visualización que induce al alargamiento o enderezamiento de un músculo sin tensión ni dolor.

Alineación
Posición del cuerpo en la que las articulaciones se encuentran alineadas y simétricas.

Ámbito de movimiento
El ámbito de movimiento en el cual se puede ejercitar un músculo sin dañarlo.

Articulación dorsal
Movimiento de la columna para que cada vértebra se mueva de forma individual y secuencialmente como lo hace la columna.

Caja Pilates
Zona que va de hombro a hombro, de hombros a caderas, y de cadera a cadera, y que sirve como referencia para una buena alineación.

Central eléctrica
Véase *Estabilidad central*.

Collar de fuerza
Véase *Estabilidad central*.

Columna neutra
Posición en la que está presente la curvatura natural de la columna, y en la que el hueso púbico y los dos huesos más prominentes de la parte anterior de la pelvis (columna ilíaca antero-superior) se encuentran al mismo nivel.

Dinámico
El movimiento de una parte del cuerpo, como resultado de la suma de energía con la que lo realiza.

Escoliosis
Curvatura de la columna, con una curva lateral en un lado y una rotación en el otro.

Estabilidad central
También recibe el nombre de collar o guirnalda de fuerza, fuerza central o central eléctrica; es la banda de músculos que rodean el tronco y se extienden desde la parte inferior de la caja torácica hasta la base de la pelvis, los cuales necesitan estar fuertes para proporcionar estabilidad o apoyo a la columna.

Estabilización de hombros
Es el acto de hacer resbalar o de presionar suavemente los omóplatos para que se mantengan en la espalda sin subir hacia las orejas, a fin de situarlos en la mejor posición para el buen movimiento de los hombros y los brazos.

Estirar, o tirar, de los abdominales
Es el estiramiento de los músculos abdominales, en particular el transversus abdominis, que incluye la base pelviana, para producir un hueco en la cintura.

Fluido sinovial
Es la versión corporal de la lubrificación de las articulaciones. Cuando usted se mueve, incrementa la producción de líquido sinovial en la columna, caderas, hombros, etc. A fin de mantenerlas flexibles.

Fuerza central
Véase *Estabilidad central*.

Giro de pierna
La activación (estiramiento) de la musculatura de la nalga (glúteos) para efectuar la rotación externa de toda la pierna en la articulación de la cadera. Si se hace este giro de forma correcta, la musculatura de la parte interior del muslo también se verá activada.

Metabolismo
Es el promedio con el que su cuerpo quema calorías. El cuerpo las quema incluso cuando no se mueve. Se puede alterar ese promedio metabólico aumentando la masa lisa muscular y reduciendo la grasa corporal.

Momentum
Fuerza con la que se realiza un movimiento. El cuerpo no debe dejarse arrastrar por el movimiento, sino que ha de moverse con control.

Oposición
Es la utilización de un músculo o grupo de músculos, oponiéndose a otro músculo, o grupo de músculos.

Visualización
Es el acto de sostener una imagen en la mente que le ayude a retener los músculos correctos para un ejercicio, o que le ayuda a realizarlo de forma más fluida.

Índice

Agradecimientos

La autora quisiera dar las gracias a las siguientes personas:

Alan Herdman, Rael Isacowitz y Anne-Marie Zulkahari, por mi entrenamiento Pilates.

Mi profundo agradecimiento a Anne-Marie, por su apoyo continuado y por constituir una perenne fuente de inspiración.

A los modelos —instructores Pilates Natasha Culmsee, Idris Moudi y Lesley Pickering—, por posar bajo los ardientes focos.

Al fotógrafo Peter Pugh-Cook, por las magníficas fotos del libro.

Al equipo de Hamlyn, en particular a Rozelle Bentheim, por su creativa dirección; a Geoff Borin, por su diseño; a Rachel Lawrence, por la gestión del proyecto, y a mi editora, Jane McIntosh, que fue la primera en sugerir este libro.

A Wendy Rimmington y a Suzannah Olivier, por sus ánimos y ayuda.

Y, naturalmente, a mi marido, por haberme dado innumerables tazas de té durante todo el proceso de redacción.